公開政策
討論会条例が
できるまで

選挙は
まちづくり

わかりやすく・おもしろく

編著

松下啓一（元相模女子大学教授）

著

田村太一（株式会社田村組代表取締役）
穂積亮次（新城市　市長）
鈴木　誠（愛知大学地域政策学部教授）

イマジン出版

選挙はまちづくり──わかりやすく・おもしろく
公開政策討論会条例ができるまで

目　　　次

はじめに

　「公開政策討論会はまちづくりである」。2017年、愛知県新城市の市長選挙において、告示前に３回、告示後１回に行われた公開政策討論会を振り返って、あらためてそう思う。

　立候補予定者同士が合意して、市政や政策に関して、市民に知る機会を提供する。立候補予定者から推薦された者同士が、自陣営のためではなく、市民のための政策討論会を企画する。そして、来場者同士が、自分が応援する候補者だけでなく、これから選挙で戦うことになる相手の話にも、きちんと耳を傾ける。それぞれが、まちのために、自分ができることを粛々とやり遂げたからである。

　市民一人ひとりの自律性とまちへの貢献性によって、民主制は維持できるが、新城市における公開政策討論会は、民主主義の実践でもある。

　本書で紹介する市長選挙立候補予定者公開政策討論会条例は、新城市で行われた公開政策討論会という「まちづくり」を条例として体系化、記述したものである。消滅可能性都市とされた愛知県新城市で、2020年６月に制定された。

　新城市で行われた公開政策討論会が、どのようなものであったか、新城市でそれをなぜ条例化したのか、条例化に当たって、何に悩み、どのように克服していったか等は、本書をご覧いただきたいと思うが、ポピュリズムがはびこり、反知性主義が跋扈する今日だからこそ、意義ある政策提案だと思う。

　本書は、４章で構成されている。

　第１章では、市長選挙立候補予定者公開政策討論会制度の必要性、背景、意義、理念、制度化に当たっての論点等を明らかにしている。

　第２章では、実際に新城市で行われた公開政策討論会の様子を詳しく書いてみた。成功の影には、市民の知恵と努力が山ほどあったことがよく分かる。

第３章では、公開政策討論会条例の意義や基本の理念にあたる部分を対談形式で明らかにした。自治の本質に遡った議論が行われている。

　第４章は、2020年６月に制定された新城市市長選挙立候補予定者公開政策討論会条例の紹介と解説である。

　主な担当は、第１章は松下啓一、第２章は田村太一、第３章は穂積亮次と鈴木誠、第４章は松下啓一であるが、そのうえで、全体を通して、私（松下）が見るという役割分担である。

　私とこの条例との関わりは長い。条例の前段に当たる公開政策討論会については、遠方から、一貫してその実施を応援し続けた。私は、ブログを書いているが、公開政策討論会の記事だけで67件もある。条例化については、穂積市長に、常設化のためには条例化が必要ではないかと進言した経緯もある。

　第２章の田村太一さんは、これまでもＪＣメンバーとして、新城市における公開政策討論会をリードし、また今回の新城市方式の公開政策討論会を企画、運営してきた。市民自治会議の作業部会において、制度化にも尽力された。その実体験をもとに執筆してもらったが、田村さんでなければ書けない内容になったと思う。ちなみに田村さんは、地元建設会社の社長さんである。

　第３章の穂積亮次市長は、この公開政策討論会の発案者である。「こんな選挙をやっていたら、だめだ」という思いから出発し、新城市方式の公開政策討論会を粘り強く実施に導き、当選後の第一声で、条例化を宣言した。条例化まで、曲折があったが、市民の市政参加、住民の知る権利を具体化するという目標をぶれることなく維持し、条例に結実させた。

　鈴木誠教授は、市民自治会議の会長として、条例案の検討に尽力された。一般に、こうした条例づくりは、別に専門家委員会を設置して検討するが、新城市は、自治基本条例の附属機関である市民自治会議が検討した。ともすると錯綜しがちな市民の議論をリードし、条例案までに昇華させたのは、新城市の自治のひとつの到達点として、この条例をなんとしても作り上げようという鈴木教授の強い思いがあったからだと思う。

なお、第3章の対談では、対談の準備、記録の整理を前新城市まちづくり推進課長（現・曹洞宗慈廣寺副住職）の森玄成さんにお願いした。市長が、どんなに優れたアイディアを提案しても、それを政策に落とし込み、実践する職員がいなければ、花開かないが、森さんは、全国初の若者政策・若者議会、総務大臣賞のニューキャッスル・アライアンス会議などの新城市の政策づくりに携わり、この公開政策討論会条例も企画からパブリックコメントまでを担当された。

　本書で示したのは、あくまでも新城市の方式であり、公開政策討論会の制度づくりや運営方法は、自治体ごとにさまざまであってよいと思う。大事なのは、やってみることである。
　本書を手がかりに、全国でわかりやすく、おもしろい公開政策討論会が開催され、制度化が行われ、政策で選ぶ熟議の選挙が一歩でも進むようになれば、著者としては何よりの喜びである。

著者を代表して

松下　啓一

I 市長選挙立候補予定者公開政策討論会条例の意義と論点

1. 市長選挙立候補予定者公開政策討論会条例とは何か

▌意義

　市長選挙立候補予定者公開政策討論会条例（以下、「公開政策討論会条例」とする）とは、公の選挙のうち市長の選挙に当たっては、候補者になろうとする者が掲げる市政に関する政策及びこれを実現するための方策等を市民が聴く機会としての公開政策討論会を開催・実施することを定めた条例をいう。選挙における公開政策討論会を公設で行うもので、2020年6月に、愛知県新城市が、全国で初めて制定した。

　この条例は、ひとことで言うと、公職選挙法等が対象としていない市民の参加権を保障し、住民自治の実質化を図ろうとするものである。それによって、民主主義の基本制度である選挙をこれまでの「候補者の選挙」から、「有権者・市民のための選挙」に代える試みでもある。

▌自治基本条例に基づく条例

　公開政策討論会条例は、新城市自治基本条例に基づくものである。条例第1条（趣旨）では、「新城市自治基本条例の規定に基づき、市長選挙立候補予定者公開政策討論会の実施に関し必要な事項を定める」と規定されている。

　自治基本条例は、その自治体の自治のあり方、主な実現手法を体系的に規定した条例で、自治体の条例のなかでも、事実上の最高規範と言える条例である。自治基本条例は、多くの自治体で形骸化しているが、新城市では、自治基本条例を最大限に活かす政策を展開している。

　新城市では、まず自治基本条例で、今後の自治経営のあり方として、行政・議会のほか、市民、地域団体、NPO、企業等がその持てる力を存分に発揮して、自治の諸問題に立ち向かっていくことを明確にした。

　そのうえで、次世代の担い手として期待されながらも、これまで地域とは疎遠であった若者の出番をつくる若者政策や若者議会、男性優位社会の中で、出番が少なかった女性の出番をつくる女性議会、身近な自治を実践する仕組みとしての地域自治区、企業や事業者の奮闘を期待する地域産業総合振興条例など、自治のアクターが、その力を発揮するための政策を矢継ぎ早に提案している。

　この公開政策討論会条例も、自治基本条例を根拠とするが、そのことを明確にするため、公開政策討論会条例の制定にあわせて、自治基本条例の一部改正を行っている。自治基本条例中、参加を定めた第14条に、新たに第14条の２を加え、「市長は、公の選挙のうち市長の選挙に当たっては、候補者となろうとする者が掲げる市政に関する政策及びこれを実現するための方策を市民が聴く機会として市長選挙立候補予定者公開政策討論会を開催するものとします。」との条文を追加している。

▎市長選挙が対象の条例

　この条例では、公の選挙のうちの市長選挙を対象としている。市長という公職に就こうとする者は、告示前に、自らの政策提案能力・政策実現能力等を示し、市長たるにふさわしい能力があることを示す機会とするとともに、市民が、さまざまな観点、立場から、自分たちの代表者にふさわしい市長かどうか、考え、判断する機会をつくるものである。

　市長は、その市の代表で、その権限・役割は大きい。とりわけ今日のように、自治体を取り巻く経営環境が、一段と厳しさを増し、想定外の事件や出来事も起こる。そうしたなかで、リーダーとしての市長は、明確なビジョンを持ち、課題を適切に見極め、対策を着実に実行できる人でなければならない。今日では、「人がいい」、「長い付き合いである」、「学校の先輩後輩である」では、市長は務まらない。

　その市長たるにふさわしい能力を見極める手段のひとつが、公開政策討論会である。市長選挙の立候補予定者が揃って、自らの政策ビジョンと政策立案能力・政策実現能力等を示し、さまざまな観点、立場から市民から吟味を受ける

機会をつくる制度である。

▌選挙活動ではなく市民参加の条例

　この制度づくりで、最も配慮すべきは、公職選挙法とのバッティングである。

　公職選挙法は、選挙活動を原則禁止し、例外的に許容する考え方に立っている。これは選挙の自由から見て、立法論としては大いに議論の余地があるが、解釈論では、「条例は法律の範囲内で制定できる」（憲法94条）ことから、公職選挙法に抵触しないことが前提条件となる。

　この条例は、公職選挙法等が直接、対象としていない市民の参加権を保障し、住民自治権の実質化を図ろうとするものである。公開政策討論会条例では、選挙活動であるとのそしりを受けることがないよう、注意深く条文が制定されているが、運用にあたっても十分な配慮が必要である。

▌今回は告示前が対象

　公職選挙法では、告示前は、政治活動としての合同の政策討論会は許容されるが、告示後については、第三者による合同の政策討論会は禁止されている（公職選挙法第164条の３）。

　第164条の３には、「選挙運動のためにする演説会は、この法律の規定により行う個人演説会、政党演説会及び政党等演説会を除くほか、いかなる名義をもってするを問わず、開催することができない。２　公職の候補者以外の者が二人以上の公職の候補者の合同演説会を開催すること、候補者届出政党以外の者が二以上の候補者届出政党の合同演説会を開催すること及び衆議院名簿届出政党等以外の者が二以上の衆議院名簿届出政党等の合同演説会を開催することは、前項に規定する禁止行為に該当するものとみなす」と規定されている。

　この条例の対象は、告示前の公開政策討論会であって、告示後については、規定していない。ただし、告示後において、市長候補者たちが、自らの政策提案や政策実現能力を競いあう必要性まで否定する趣旨ではない。公職選挙法にふれないような運用は可能であるので本条例とは別に、立候補者が工夫をしな

がら実践してもらいたい。

2.なぜ公開政策討論会条例なのか

（1）投票率の低下・間接民主主義の危機

▌投票率の低下

　地方選挙における投票率の低下は著しい。2019年の統一地方選挙における投票率は、都道府県知事選挙47.72％　都道府県議員選挙44.02％、市区町村長選挙48.62％、市区町村議会議員選挙45.16％だった。投票率が最も高い市区町村長選挙でも、50％を割り込んでいる。

図表Ⅰ-2-1　統一地方選挙の投票率推移

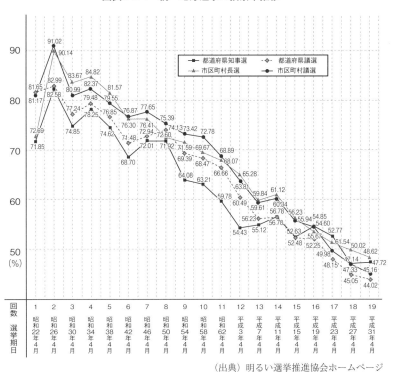

（出典）明るい選挙推進協会ホームページ

　1951（昭和26）年に統一地方選挙が始まったときは、いずれも80%以上の投票率があったので、30ポイント以上も下がっている計算となる。何よりも、問題なのは、毎年、右肩下がりになっていて、早晩、投票率が30%台に突入してしまうことになるだろう。投票率３割では、代表民主制そのものの危機と言える。

　新城市においても同様で、市長選挙の投票率は、2005年（80.71%）、2009年（77.32%）、2013年（71.07%）、2017年（69.23%）と下がってきている。

▌投票に行かない理由

　横浜市の選挙管理委員会が、投票しなかった人に棄権の理由を聞いているが、「仕事など選挙より重要な予定があったから」が 23.7%で最も多く、次い

図表I-2-2　棄権の理由

問12−3　あなたが投票しなかった主な理由は何ですか。（○は１つだけ）

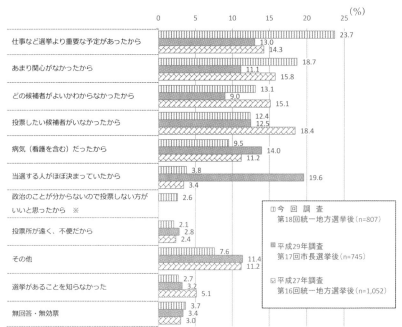

※　平成 27 年・29 年調査では項目なし

（資料）横浜市選挙管理委員会ホームページ

で「あまり関心がなかったから」（18.7％）、「どの候補者がよいかわからなかったから」（13.1％）、「投票したい候補者がいなかったから」（12.4％）、「病気（看護を含む）だったから」（9.5％）などの順となっている。

　棄権の理由はさまざまであるが、選挙は、さして重要なものではなく、したがって関心が乏しいものということである。どの候補者がよいか分からない、投票したい候補者がいないという理由が、その原因でもあり、結果でもある。だから選挙に行かないという悪循環となって、結局、投票率が30％を切ることになっていく。

▎間接民主主義の危機

　投票率が50％を切れば、代表者の正統性は、怪しくなってしまう。投票率の低下、市民の無関心は、市民が代表者を選び、代表者に市民の思いを託すという間接民主主義が、土台から崩れ始めることになる。

　こうしたなかで、これまでの選挙のやり方（名前の連呼、裏付けのない一方的な自己主張等）を続けていると、多くの人がさらに失望し、その不満が内向し、ますます市民の政治への無関心や不信は蓄積していくことになる。それが、市長や議員に対する不信に転化し、その中で、候補者は、口当たりの良いポピュリズムに走るか、他方では、有為の人が市長や議員になろうとしなくなる。

　公開政策討論会は、立候補予定者が、一堂に会して、自らの政策を語り、市民は、それをよく聞き、比較し、自ら考え、そして判断する機会をつくるものである。その意味で、公開政策討論会の制度化は、民主主義を支える仕組みづくりである。

▎ポピュリズム・反知性主義の蔓延

　ポピュリズムのもともとの意味は、ナショナリズムに対応するもので、きわめて民主的なものである。しかし、ポピュリズムは、今日では、無責任、付和雷同、口だけ、迎合などといった民主的とは正反対の意味で受け取られている。

　そのポピュリズムが、今日では民主主義への脅威にもなっている。その背景

は、新城市の穂積市長も的確に指摘しているように、「国力の衰退、人口減少、地方消滅論の蔓延、社会保障の不安定化、安全保障体制への挑戦などなど、生活をとりまく視界不良状態」（穂積新城市長ブログ「山の舟歌」〈以下、「市長ブログ〉2015年6月8日）などの住民の将来不安が、現れたものであろう。

　たしかに、市民の間で、首長や議員といったエスタブリッシュメントに対する漠然とした不満や不信があり、そこに市民が漠然と思っている思い込みなど（市長や議員は、業者と結託して、何か悪いことをしている「悪代官イメージ」や、職員は豪華庁舎で高給をもらってのんびりしているといった「都市伝説」）が合わさって、悪しき反知性主義やポピュリズムをさらに加速させている。

　こうした現状に対して、民主主義の学校である地方自治が、最後の砦として、踏ん張らないでどうするというのが私の問題意識であるが、こうした潮流に対しても、市民自身が、立ち止まって考え、熟議する仕組みや機会をつくるのが、熟議の民主主義である。公開政策討論会は、熟議の民主主義を具体化する仕組みのひとつである。

（2）これまでの選挙の課題
▌笑顔と握手・夢のオンパレード

　選挙の神様の田中角栄は、選挙の基本は、まめに歩き、顔を見せることだと言っている。たしかに、お葬式で悲しんでいるとき、「先生」がちょっとでも顔を見せてくれたら、いっぺんで先生に好意を持つ。誕生日おめでとうと、バースディカードが届いたら、悪い気がしない。思いやりのある人だ、優しい人だということになる。

　実際の選挙では、10の立派な政策よりも、こうした一度の気遣いのほうが、効果的とされていることから、これまで日本の選挙では、「笑顔と握手」が大手をふるってきた。市長は、自治体の経営者なので、優しいだけでは務まらないし、思いやりだけではやっていけないことは自明であるが、ともかく選挙に受からなければ何もできないので、「笑顔と握手」に走ることになる。

　現実には、多くの政治リーダーたちは、選挙で大事なのは、政策ではなく、

笑顔、握手であると考えている。実は、これは候補者だけではない。多くの市民にとっても、政策より笑顔と握手である。政策を語りあおうといわれても、正直、面倒であるし、任せたほうが気楽だからである。

　その結果、私たちの地方自治がどんどん弱っていくのは、すでに見たとおりである。公開政策討論会を提案した新城市の穂積市長が、叫ぶように、「こんなことをやっていたら、だめだ」と言っているは、切羽詰まった正直な感想なのだろう。

▌仲間を固めヒートアップする

　穂積市長の体験によると、選挙というのは、仲間を固め、それをヒートアップすればするほど、強い選挙になるらしい。仲間だけの言葉で語り、相手の悪口を言い、仲間だけで盛り上がる。その強い結束力がばねとなって、票を集めてくる。

　しかし、その結果、一般の多くの市民は埒外に置かれ、それがシラケの原因になっていく。要するに、市民には投票という参加権があるが、実際は、候補者の人柄や主張が、よく分からないから、イメージやムードで投票を決めたり、あるいは投票に行かないことになる。早急に、市長を選ぶという参加権（投票権）を市民のものにする必要がある。

　穂積市長は、次のように言っている。

　「私はこの地で自身の選挙を４回経験し、国政・地方多種多数の選挙にも何らかのかかわりを持ってきたが、自戒をこめて『こんな選挙をやっていてはダメだな』とつくづく思っている。

　今日のテーマに即していえば、そこには『熟議』のプロセスが欠落しており、それぞれが自陣営の囲い込みと自己過熱を競い合って、そこに注ぎ込まれたエネルギーの総量に応じて勝敗を決する構造になっている。

　投票率が50％とすれば、他の50％はその熱の圏外にいて冷やかにこれを見ている。

　最近は公示・告示前の『候補者討論会』が当たり前のものになってきて、選

択における貴重な判断材料を提供するようになってきたとはいえ、いざ本選が
始まってしまえば、陣営内部の運動に没頭する以外になくなってしまうのが実
情だ。」（市長ブログ・2012年12月27日）

▌一週間の選挙戦でできること

　公職選挙法は、選挙に関する表現活動を原則禁止としたうえで、特定期間内、
特定主体、特定方法の表現活動、法定費用の範囲内で例外的に認める仕組みを
採用している。包括的禁止・限定解除方式である。

　例えば、選挙運動の期間は市長選挙では、選挙の公示・告示日から選挙期日
の前日まで、7日間に限定されている（公職選挙法第129条）。これに違反した
者は、1年以下の禁錮又は30万円以下の罰金（公職選挙法第239条第1項第1
号）、選挙権及び被選挙権が停止される（公職選挙法第252条第1項・第2項）。

　これは、選挙の公正と候補者間の平等を確保するためとされるが、候補者か
ら見れば、7日間で思いを伝え、市民から見れば、7日間の活動で判断しなけ
ればならない。

（3）マニフェスト選挙の限界
▌マニフェストの意義

　こうした投票行動の課題を乗り越える試みの一つが、マニフェストである。
これまでの公約が、抽象・網羅的で、住民にとって聞こえのよいもの（ウィッ
シュ・リスト）が並べられがちであったのに対して、数値目標、期限、財源、
工程などで裏付けられた「実現すること」を集めた政策集がマニフェストであ
る。「あれか、これか」の選択を求める苦い薬だともいわれる。

　マニフェストは、英国が発祥とされている。日本では2003年に流行語大賞に
選ばれている。2003年の公職選挙法の改正で、国政選挙に関して、政策をまと
めたマニフェストを配布できることになり、2003年4月統一地方選挙以降、急
速に導入されるようになった。

　このローカル・マニフェストは、地方政治を大きく転換させる可能性を秘め

ている。

①候補者は、単なる夢や願望を示すだけでは足りず、実行を伴う具体的政策を示さねばいけない。政治家の仕事が、政策づくりという本来の役割に移っていく。

②有権者は、政策を見て投票することになる。限られた財源をいかに適正に配分するかという問題に、市民自身が直面することから、個人の利害得失を越えて、公共的利益の観点から判断・行動することが求められる。ローカル・マニフェストで、お任せの政治から、市民自身が主権者として責任を分任する政治に変わる。

③マニフェストが示されることで、政策を基準に候補者を選択する政策論争中心の選挙となる。数値目標や達成期限等が具体的に示されることで、達成・不達成という成果が見えやすく、次回投票の基準になる。

マニフェスト型選挙の広がりは、「お願いから約束へ」と称されるように、有権者が客観的な目で選挙公約を比較吟味できる基盤を提供することになった。政治指導者に、抽象的な政治姿勢的公約で白紙委任に等しい付託を与えてきた時代から、一定の事業目標の達成を約束させる時代への転換を意味している。

▌夢のようなマニフェスト

しかし、現実のローカル・マニフェストには困難性や限界もある。

①マニフェストは、作成・実行・評価というマニフェストサイクルがうまく回っていることが前提となるが、成果を急ぐあまり、形だけの政策をつくり上げるケースも散見される。マニフェストの達成度の評価が、選挙後になるために、ともかく当選を目指した「夢のようなマニフェスト」がつくられ、当選後、撤回される例が目立ち始めた。

そこに、日本の地方自治の内在的制約が加わる。日本の地方自治は、二元代表制がとられていることから、執行権を持つ首長候補者のマニフェストも、議会の議決がなければ実行できない。また、議員のマニフェストも、議会・議員自身に執行権がないことから、実効性という点では限界がある。

　②自治体は、翌年度の歳入予測も正確にはできないのが実情である。社会経済状況の変化で、地方税・地方交付税等は激変し、2008年の金融危機時は、地域経済にも大きな影を落とした。自治経営では、こうした状況変化に対応して、政策を柔軟に変更・転換する融通性が求められる。ローカル・マニフェストも絶対ではないことに留意すべきである。

▌予期せぬ事態への対応

　現実の地方自治では、マニフェストリストには載っていない予期せぬ事態が発生する。全国各地で、地震・津波、川の氾濫などの大災害が発生しているし、直近では、新型コロナウイルス問題のように地球レベルの課題が、地域で起こっている。また、そこまで大規模でなくとも、地域住民を巻き込んださまざま事件、紛争等は、次から次に起こってくる。こうした予期せぬ事態に対して、冷静かつ迅速に対処し、明確な指示と人々に安心感を与えるリーダーシップが求められる。

　市民は、こうした力を持つリーダーを選ばなければいけないが、その能力を何で推し量ったらよいだろう。候補者の経歴やこれまでの実績もそのひとつであるが、公開政策討論会も有効な方法である。公開政策討論会では、想定外の意見や質問等が出るが、それへの対処を通して、想定外の事態への対応能力の有無を垣間見ることができるだろう。

（4）これまでの討論会では不十分

▌JCの先駆的取り組み

　これまでも青年会議所（JC）などが中心となって、選挙の際には公開討論会が行われてきた。その際に依拠するのが、一般社団法人公開討論会支援リンカーン・フォーラムのマニュアルである。大量のノウハウを蓄積し、「公開討論会完全マニュアル（第4版）」などのかたちで、公表している。今回、新城市が行った公開政策討論会も、これを改良したものである。

　JCが行う公開討論会は、大要次のような流れで行われている。

・自己紹介や立候補に至った決意
・一問一答方式の「政策コーナー」
　ここでは、例えば、「未来の○○市」「産業政策」「少子高齢化」「まちづくり」について、３分ずつで話すことになる。
・人柄などを尋ねる「○×コーナー」
・自由討論
　来場者に会場入り口で「質問表」を書いてもらい、コーディネーターからパネリストの方々にお尋ねする。
・最終アピール

　おおむねこのマニュアルに沿いながら、JCごとに工夫した公開討論会が行われている。

　こうした討論会を開催することは、むろん意義はあるが、参加してみると、内容的には物足りなさを感じることが多い。

　①候補者は言いっぱなしで、政策が深まっていない。ではどうやって実現するのかといった肝心の議論ができない。

　②候補者の強み、弱みが伝わらない。突っ込まれたときに、たじろぐのか、適切な対応をするのか、自信あふれる回答をするのか、候補者の生の人柄が分かりにくい。

　まさに名称に表れているように、「公開討論会」であって、政策を深める熟議の場となっていない。

▌肝心な候補者が参加しない

　2014年の東京都知事選挙公開討論会（主催：2014都知事選挙公開討論会実行委員会）では、主要候補者４名（細川護煕、舛添要一、宇都宮けんじ、田母神俊雄）のうち最終的に参加受諾者は１名だけとなって、中止となった。その前の2012年都知事選挙では、討論会は行われたが、最有力とされる候補（実際、当選した）が不参加となって、盛り上がらない討論会となった。

　このように、主要候補者が不参加となる理由について、「討論会に関心が集ま

らず、盛り上がらないため」とされている。逆に言うと、候補者が、揃って公開政策討論会に参加し、そこで白熱の討論が行われるような公開政策討論会になるように制度設計しないと、形骸化してしまうおそれがあるということである。

3. 公開政策討論会の制度設計——意義・目的

（1）主権者が主権を行使できる条件のひとつ

▌主権行使の前提となる仕組み

「自治体の長、その議会の議員及び法律の定めるその他の吏員は、その自治体の住民が、直接これを選挙する」（憲法93条）。憲法は、住民は主権者として、市長や議員に信託するという制度を採用している。

信託が有効に機能するには、有権者が信託する相手を適正に判断できることが前提になる。ところが、これまでそうした機会がなかったために、候補者による無責任な夢のオンパレードのような「公約」が出され、それが有権者をしらけさせ、今日の政治不信につながってきた。公開政策討論会は、市民自らが立候補予定者の政策を聞き、比較して、代表にふさわしい人を選べる機会であり、主権者が主権を行使する前提となる仕組みと言える。

▌投票行動の基準（争点態度、業績評価へ）

人がだれに投票するのか、投票行動の基準としては、次の３つがあげられる。ミシガンモデルといわれるものである。

①政党帰属意識（party identification）：特定の政党に対して有する帰属意識であるが、今日では、全体に政党帰属意識が薄れて、無党派層が多くなっている。このコアな政党帰属意識層は、公開政策討論会をやっても、簡単に影響を受けるものではない。

②候補者イメージ（candidate image）：候補者個人の有するカリスマ性に注目した投票行動である。候補者個人のイメージが悪ければ、どんなに政策が良

くても、支持を獲得することは難しい。公開政策討論会は、候補者のイメージを政策論議を通して知る良い機会である。

　③争点態度（issue position）：政策を基準に候補者を選択する投票形態である。

　一般に、争点投票が好ましいとされるが、これが機能するには３つの条件が必要である。

　第一は、有権者が選挙時に政策争点を知っていること

　第二は、有権者にとって、その政策争点が重要な意味を持っていること

　第三は、どの候補者が、その争点に関する自分の考えに近いかを知ることができること

　これまで、この３条件をうまくつくれなかったので、結局、握手したとか、知り合いなどといった理由で投票することになってしまっていたが、公開政策討論会条例は、市長選挙を政策投票・争点投票にしようとする試みである。

▌みんなが大手を振って参加できる

　自治体職員にとっては、自分たちの市長（経営者）が誰になるかは、一大関心事である。その経営者が、自分の仕事である政策に対して、どのような方針で臨もうとしているのか、詳しく知りたいと思うのは当然のことである。

　個人演説会に出向けば、より詳しい政策内容を聞くことができるが、個人演説会参加者の大半は、その候補の支援者なので、そこに参加をすれば、色眼鏡で見られてしまい、あらぬ誤解を受けるのではないかと心配して、参加を躊躇することになってしまう。

　事情は、住民も同じである。主権者として、候補者各人の政策や主張を聞きたいと思っても、個々の陣営の演説会に参加した結果、面倒なことに巻き込まれては敵わないと思う住民も数多くいるだろう。お互いの顔が分かる小さな町なら、この面倒くささは、なおさらである。

　しかし、公の仕組みとして、全候補者が一堂に会して、政策論争を戦わせる場がつくられれば、こうした心配はなくなり、だれでも安心して参加できる。

警戒すべきもの、近づかないほうが無難であった選挙が、身近なものに変わっていく。

（2）「立候補者の選挙」から「有権者・市民の選挙」に

▌選挙の仕組みは、立候補者の立場から規定されている

公職選挙法は、選挙運動を原則禁止して、一定の条件の下で例外的に許している。その理由は、選挙には莫大な費用がかかり、それが政界の腐敗につながったためである。そこで、選挙の公正を期すため、資力の乏しい候補者であっても競争を可能にするために、選挙運動費用を制限し、選挙運動方法を制限したものである。

このように法制度は、選挙運動を行う候補者の立場から構成されていて、そこから選挙の自由も規制も決まっている。これを有権者・市民の立場から、有権者・市民のための制度として再構築するのが、公開政策討論会条例である。

▌「立候補者の選挙」から「有権者・市民の選挙」に

今日の地方選挙は、名前の連呼、笑顔と握手、さらには辻立ちである。これらは伝えたい人（候補者）の立場からの選挙である。こんな選挙ばかりやっているから、市民はしらけ、辟易し、不平ばかりが積もっていく。投票率の低下が止まらない時代にあっては、発想を逆転し、原点に戻って、聞きたい人（有権者・市民）の立場から選挙を考えていくべきだろう。伝えたい人（候補者）のための選挙ではなく、聞きたい人（有権者・市民）のための選挙である。

聞きたい人の立場から考えると、「すべての立候補予定者の政策論争を聞いて、自身が正しいと思った判断を下したい」と思うのは自然なことで、こうした制度がなかったこと自体が、そもそもおかしいと言える。法の欠缺と言えるものである。

公開政策討論会条例は、有権者が、立候補予定者の政策を聞き、比較して、自らの考えをまとめる機会を担保する制度で、これまでの「立候補者の選挙」から「有権者・市民の選挙」に変えるものである。

▍立候補予定者の責務

　市民の前に争点を明らかにし、その課題をどのように解決するのかを示すことで、有権者・市民が主権を有効に行使できるように努めることは、立候補予定者の責務と言える。

　立候補予定者は、自らの当選が直接的な目的であるが、同時に、有権者・市民のための選挙についても、思いをはせる責任があるということである。立候補も、社会やまちという公共性を考えながら活動を行う時代になったと言える。

　この点は、企業を見れば容易に理解できる。企業の場合も、収益が第一義の目的ではあるが、もはやそれだけでは企業は生き残れない。企業も、社会貢献という社会性には配慮しないといけない時代になった。社会性・公共性と密接な関係を持つ立候補予定者の場合は、なおさらといえよう。

（3）熟議の機会

▍荒唐無稽な政策が駆逐される

　公開政策討論会を実施しても、実際に会場に来れる人は、全体のわずかである。YouTubeやCATVでも見ることができるが、実際に公開政策討論会に参加できる人は、さほど多くないだろう。

　新城市の公開政策討論会では、告示前の3回、告示後の1回の合計で、延べ来場者数は1,027名である。選挙直後までの動画の閲覧回数は、1,934回にとどまっている。このときの有権者数は、39,956人であるので、全体の2％前後しか参加していない。つまり、直接、公開政策討論会を聞いて、判断できるようになった有権者は決して多くはないということである。

　しかし、選挙のたびに、公開政策討論会が行われるようになれば、最も効果を発揮するのは、「公約」が論争にさらされるようになることである。

　荒唐無稽な「公約」を出せば、公開政策討論会の場で論争にさらされ、恥ずかしいことになるから、立候補予定者は、おかしな公約を出すのを自制し、何とか説明に耐えられる政策だけを出すように変わっていく。出した政策が、公開政策討論会で厳しい批判を受ければ、それに負けまいと、ブラッシュアップ

図表 I-3-1　公開政策討論会及び合同個人演説会概要

公開政策討論会（開催回数：3回　延べ来場者数：677名）※動画閲覧回数は、2017年11月1日PM2:00現在

	開催日 開催時間	場所	来場者	公開方法	閲覧数	テーマ	スタッフ	討論における主な論点
1	H29/10/05（木）PM 7:00～9:00	つくで交流館	150名	CATV（録画配信）YouTube	760回	人口政策	23名（JC4＋商工会10）	・人口減少の原因 ・政策の実現性 ・政策の具体性　ほか
2	H29/10/12（木）PM 7:00～9:00	新城市開発センター	222名	CATV（録画配信）YouTube	491回	産業政策	19名（JC3＋商工会7）	・社会環境の変化と産業構造 ・エネルギー公社の採算性 ・民間の感覚　ほか
3	H29/10/19（木）PM 7:00～9:00	新城文化会館小ホール	305名	CATV（生中継）YouTube	324回	市民自治政策	21名（JC3＋商工会9）	・地域自治区制度の評価 ・地域自治区制度の改善点 ・今後の行政区のあり方　ほか

2）合同個人演説会（開催回数：1回　来者総数：350名）※動画閲覧回数は、2017年11月1日PM2:00現在

	開催日 開催時間	場所	来場者	公開方法	閲覧数	テーマ	スタッフ	主な論点
1	H29/10/24（火）PM 7:00～9:00	新城文化会館大ホール	350名	YouTube	359回	ビジョン重点政策	18名（後援会6＋JC3）	・産業政策の再論議 ・政治家としての覚悟 ・市民の声への寄り添い方ほか

（資料）新城市長選挙2017・公開政策討論会実行委員会

して、実現可能性のある「公約」に磨かれていくことにもなる。無責任な夢のような政策が駆逐され、足に地についた政策が、出されるようになっていく。

　公開政策討論会に来れる人はわずかでも、この制度をつくることで、よく考えられた実効性に富む政策で争われる選挙になっていく。

自分で考える良い機会

　民主主義の基本である選挙が、他人事になってしまって、選挙に当事者性を持てなくなってしまった。

　その理由の多くは、選挙のあり方にある。候補者は、選挙の時だけ、夢のような「公約」を並べ、有権者は、その実現方法を直接、問いただす機会もない。結局、名前の連呼で選挙が終わり、選挙に受かれば、できない公約はできないから、公約は棚ざらしにされる。

　有権者側にも問題がある。握手したから、頼まれたからといって投票するから、自分でその人を選んだという自覚がない。だから、ちょっと何かがあると、選んだ責任を忘れて、文句を言う立場に変わる。

　こんなことを続けていくと、人々は、投票に行っても何も変わらないと思うし、本来は自分事でであるはずの市政や公共的なことを誰かがやってくれると他人任せになる。

　民主主義とは、「まちのことを我がことのように考え、行動すること」であるが、このままでは、他人事になりがちな選挙を自分事にしよう、市政を当事者として考える機会をつくろうという試みのひとつが、今回の公開政策討論会である。

自治の文化づくり

　公開政策討論会を自己の選挙の有利な道具に使おうなどと考えたら、公開政策討論会を含む熟議の市長選挙を卑しめるものになる。まさに自治の文化を作ろうという高い理念に立って取り組む必要がある。

　政治への無関心や不信を一掃する代打満塁ホームランは期待できないし、そ

んなものはむしろ危なっかしいから、こうした地道なヒットを積み重ねていく中で、ひとつずつ、今よりも良くしていくのが文化づくりである。

　公開政策討論会は、地方政治を住民の手に取り戻し、自治を闊達なものにするための文化づくりであるとの高い理念を持って取り組んでほしい。

（4）リーダーを見極める必要

▌リーダーのあり方

　リーダーシップにはいくつかの理論がある。

　特性理論は、リーダーには共通する特性があるはずと考えるものである。しかし、特性があっても、その通りの成果が出るわけではないことから、特性理論は限界があるとされた。

　行動理論は、リーダーにはリーダー特有の行動が見られるので、リーダーの行動原則が明らかになれば、それに則ればリーダーは教育して育成できると考えるものである。しかし、ある時点で有効であった行動が、状況が変わると、有効でなくなってしまう場合があることから、リーダーシップの本質を十分に解明できないとされた。

　リーダーシップ条件適応理論は、リーダーを取り巻く環境、すなわち組織やメンバー、社会環境などの環境や条件を踏まえて、リーダーが取るべき行動を変えていくべきとする理論である。リーダーは、フォロワーや環境の状況に応じて、行動を指示型、説得型、参加型などに使い分けていくことになる。仕事が困難で不確実な場合は、リーダーは、仕事に対する具体的指示やアドバイスに注力し、他方、仕事が安定的・定型的なときは、フォロワーの自主性を尊重すべきとする。常識的で納得的な考え方と言える。

　主権者である住民にとっては、自分の住む自治体が、どういう状況なのかによって、選ぶべきリーダーが違ってくる。

▌予想外のことが起こるのが現実政治

　市長は、当該地方自治体を統括し、これを代表する（地方自治法第147条）。

統括とは、自治体の事務の全般について、長が総合的統一を確保する権限を有することを意味する。代表とは、長が外部に対して、自治体の行為となるべき各般の行為をなしうる権限をいい、長のなした行為そのものが、法律上直ちに当該自治体の行為となることを意味する。

　何かを決定する場合は、どんな場合も、複数の考え方、相対立する意見があるなかで、リーダーは、そのなかで最も妥当と思われる考え方を選択し、決定しなければならない。

　最も難しい判断を即時に求められるのが、危機管理のときである。

　最近の新型コロナウイルス問題は、その最たるものであるが、日本は、その自然条件から、水害、津波、地震、がけ崩れなどの災害が予想外のときに襲ってくる。こうした事態が発生した場合、トップである市長が、陣頭指揮を執らなければいけない。避難勧告等の発令、緊急消防援助隊や自衛隊の応援に係る都道府県への要請等を市長は、タイミングを違わず、的確に判断しなければならない。

　こうした孤独で、責任が重い判断をする人を市民は、選挙で選んでいくことになるが、それゆえ、誰でもいいというわけにはいかない。公開政策討論会は、こうした難局に対応できる人かどうかを見極めるひとつの仕組みである。

（5）民主主義の再構築

▌民主主義を再構築する

　「我がまちのことを我がことのように考える」が、民主主義の基本である。公開政策討論会は、その民主政治の実践である選挙のあり方を問い直そうという試みである。

　フランス革命後、世界では競って国民国家がつくられていった。国民国家は、自陣営への囲い込みと自己過熱を根幹とする仕組みであるが、それゆえ、私たちは2つの世界大戦を経験することになる。

　そして、私たちは、この戦争の結末に大いに懲りているはずであるが、最近では、国民の暮らしにまつわる不満や不信を、この囲い込みと自己過熱で乗り

切ろうという動きが、世界中で顕著になってきた。

　そういう状況だからこそ、一人ひとりが考え、他者を尊重し、まちのことを我がことのように思うという民主主義の大事さが、あらためて注目されることになる。地方自治は民主主義の学校とされるが、この学校で、市民一人ひとりが、民主主義の実践をするのが公開政策討論会である。

　この民主主義の学びは、自ら当事者にならなければ身につかない。平穏な暮らしを創るために、財源をどのように確保するか、効果的・効率的な仕組みをどのようにつくるか、一人ひとりの知恵や知識、経験を活かしながら、考え、実践していく必要がある。この考え、実践する地方自治を揺るぎのない確かなものにするのが、公開政策討論会である。

▌論争にさらされることが民主主義

　公開政策討論会では、市民自らが、立候補予定者から出されたそのまちの課題に対処する政策アイディアを比較し、判断する機会をつくるものである。同時にその競争を通して、立候補予定者が、それぞれの政策をブラッシュアップする機会でもある。公開政策討論会がなかったら、こうした機会を奪うことになり、論争にさらされていない政策が、まちの政策になってしまうことにもなる。

　公開政策討論会があるということは、多くの人の前で政策が論争にさらされ、厳しい批判を受けながらも、自らの政策を主張していかないと市長になれないということである。公職者は、こうした論争にさらされて、それに耐えて、学んで、市長となっていく。公職者を育てる仕組みとも言える。

4. 新城市の公開政策討論会——条例化の政策事実

（1）新城方式の公開政策討論会——合意と仕組み

▌新城方式の公開政策討論会

　これまで新城市では、2003年の市長選挙以来、すでに5回、公開政策討論会を実施してきている。ただ、今回の公開政策討論会条例の立法事実、政策事実

となった公開政策討論会は、2017年の新城市の市長選挙である。

今回の公開政策討論会の特徴は、次の３点である。

　１．公開政策討論会の開催が立候補予定者同士の合意により決定したこと

　２．各立候補予定者から推薦された者が公開政策討論会を企画・運営したこと

　３．公開政策討論会における議論のコーディネーターを立候補予定者自身が交代で務めたこと

この成功体験が、今回の条例化の裏付けとなった。

▍公開政策討論会開催の背景にあるもの

2017年の市長選挙で、新城市は、新城方式の公開政策討論会を実施したが、これは突然、出てきた話ではない。実は、前回（2013年）の市長選挙のときにも公開政策討論会は提案されている。

穂積市長の「こんな選挙をやっていてはだめだ」との思いは、他の候補者たちにとっては、共通の思いなのだろう。「市民が主役となった建設的な政策議論が闊達に行われ、それがまちの活力につながるような選挙戦を実現して、民主政治をより豊かなものにしていきたい」という候補者たちの共通の思いが、難しい交渉を進め、実現させたのだと思う。立候補予定者たちの思いと努力にあらためて敬意を表したい。

▍粘り強い交渉

2017年の新城市市長選挙では、白井倫啓氏（市会議員）、山本拓哉氏（NPO法人理事長）、穂積亮次氏（市長）の３氏が名乗りを上げた。

発端は、最後に出馬表明した白井氏が、出馬に当たって、他の立候補予定者へ公開質問状を送ったことである。2017年６月30日のことである。これに対して穂積氏が、告示前の政策討論会、告示後の合同立会演説会を逆提案した。白井氏がその場で了承し、これが新城方式の公開政策討論会のスタートとなった（７月４日）。投票日は、2017年10月29日、告示は10月22日であるから、約４か

月前である。

　結局、新城市では、告示前に３回（10月５日、12日、19日）、告示後は１回（11月１日）、公開政策討論会が開催されたが、開催までには、大きく分けて２度のターニングポイントがあった。

　最初は、立候補予定者３人が、公開政策討論会の実施を合意するまでである。経過表のとおり、当初は、山本氏が不参加を表明していた。この山本氏の合意を取り付けて、３者がそろって実施しようと合意するまでが、第一段階である。方向性が異なる当事者を同じテーブルにつける作業は容易ではないが、粘り強い対応・交渉で実現に漕ぎつけている。

　２つ目の山は、公開政策討論会を準備する準備会の仕組みづくりである。新城市にふさわしい公開政策討論会をどのように実施するか。当事者同士で合意・調整しながら行うことになる。

　いずれにしても、実施までに、多くの手間と作業があり、実際にも多くのエネルギーが使われた。本来は、公開政策討論会で、闊達な議論が行われることが目的なので、その準備作業で疲弊してしまっては、本末転倒である。逆に言えば、開催までの調整の大変さが、公開政策討論会制度の常設化の背景にもなっている。

図表Ⅰ-4-1　開催発議から協議開始までの経緯

日付	動向	公開政策討論会に関する発言、記述等
5／18	山本拓哉氏　出馬表明	
6／14	穂積亮次氏　出馬表明	
6／30	白井倫啓氏　出馬表明	白井氏より他の立候補予定者へ公開質問状を送付
7／4	穂積氏より白井氏へ公開問状の回答（手渡し）	穂積氏が、告示前の政策討論会、告示後の合同立会演説会を提案。白井氏はその場にて了承
7／7	山本氏より白井氏へ公開質問状及び公開討論会に関し返答	穂積氏からの申し出なく詳細が分からず回答できないJC主催の公開討論会には参加予定。それ以外は応じない。

日付	動向	公開政策討論会に関する発言、記述等
7／14	白井氏と穂積氏の連名にて山本氏へ申入書を送付	提案内容 １．候補者全員が同意できるメンバーによる委員会の設置 ２．開催要項及び運営方法は委員会で協議。候補者はそれに従う ３．告示後の合同演説会開催も検討対象とする ４．回答期限7／25
7／19	白井氏と穂積氏による共同記者会見	
7／23	山本氏が申入書への回答を簡易書留で送付	申入書の提案内容にすべて同意
8／2	山本後援会より他２者へ返答	準備会の検討内容が不明のためメンバー選出できず、日程調整もできず 公選法違反とならないことの確認を求める 正式な提案があり次第、臨時役員会を開催し回答する
8／3	白井氏より山本後援会へ返答	準備委員会は、市民目線により第三者委員会 公選法違反とならない討論会の進め方を準備委員会で検討する
8／3	穂積氏より白井氏へ返答	公式の提案書（案）を作成し送付することを提案
8／15	３者による日程調整	第１回準備会が、8／22の午後７時からに再決定

※白井倫啓氏のブログから抜粋して引用

▌実行委員会

　新城市にふさわしい公開政策討論会をどのように準備し、実施するか。仕組みづくりまでの準備会と、公開政策討論会の実施、運営の二段階に分けることができる。

　それまで青年会議所（JC）主導で行われたが、今回は、立候補全員が当事者となって、公開政策討論会を行うものである。こうした公開政策討論会は、新城市では初めてのことで、どのように実施するか試行錯誤になった。

　この調整・準備作業を立候補予定者自身が行うのは、時間的にも困難なので、それぞれの陣営から、３名が出て、検討する方式を採用した。つまり、候補者全員が同意できるメンバーで委員会を構成し、開催要項や運営方法等は、この準備会で協議し、候補者はそれに従うというルールで、準備を進めることになった。

　公開政策討論会に消極的であった山本氏から、準備会の位置づけについて質問があり、次のように答えている。

　「公開政策討論会のあり方を純粋に検討する会です。どの様な進め方が市民への情報提供としてふさわしいか、市民の市政参加を広げるためにはどうしたらいいのかなど、市民自治のあり方を踏まえて検討することになると思います。先に形が決まっているわけでなく、３人の予定候補者だけでは、各自の思いが交錯し、結論が出ないと思いますので、それぞれが市民目線で検討して頂き、進める主体となる第三者委員会（仮称）の構成を結論してもらうものです。その結論に３人の予定候補者が従うことになります。準備委員の資格を問うものではありません。」（市長ブログ・2017年8月3日）

　この準備会は、これまでにない新たな仕組みを考え、そして合意に至る作業を行うことになるので、準備会に参加する人は、かなりのプレッシャーであったと思うが、「和気藹々で、できる限りいいものをつくろうという雰囲気」で進んでいったという。

　記録によると、準備会の会議開催数は、約１か月の間で計６回、協議時間は、延べにすると19時間50分に及んでいる。

　次の段階は、公開政策討論会の企画、運営である。これも約１か月、公開政策討論会の実施、運営のために奮闘した。会議開催数は５回、協議時間は８時間20分であるが、このほか、告示前の公開政策討論会が３回、告示後の個人合同演説会が１回あり、これには主催者側として当日の運営を行っている。

　実行委員会は、公開政策討論会を実施する度に、次回の開催の準備を兼ねて開かれているが、前回の反省を踏まえて、微修正が行われている。「できる限りいいものをつくろう」という雰囲気が、ここでも見てとれる。

（2）後押しする市民
▌新城市の人たちも発言しはじめた

　新城市の市長選挙の公開政策討論会をめぐっては、当初、山本氏が不参加を表明し、山本氏を除いて見切り発車するか（白井氏）、３人がそろうまで粘り強

く交渉するするか（穂積氏）で、両者で論争しているとき、市民から、白井氏のブログに投稿があった。本書の著者の田村太一さんである。これまでJCメンバーとして、新城市の公開討論会を実施してきた経験に基づく意見である。

　「『政策による選挙の実現』におおいに賛同します。

　また、私のもとにも、立候補予定者3名による討論会の実現を期待する声が寄せられています。

　僭越ながら、青年会議所（JC）時代に、10数回の公開討論会に携わった経験から、一言ご注進申し上げます。

　公開討論会における、最初で最大の課題は『すべての立候補予定者の参加』です。理由はいうまでもなく、来場者（有権者）は、特定の立候補予定者の政策を聞きたいのではなく、すべての立候補予定者の政策論争を聞いた上で、自身の判断を下したいと考えるからです。

　むろん、立候補予定者各々の事情もあるため、やむなく一部の候補者のみでの開催を余儀なくされるケースもありますが、それらは概ね来場者は少なく、または特定の支持者のみの来場であったり、満足度も低いものとなっています。

　重ねて申し上げます。立候補予定者3名が揃った形での討論会の開催を切に望みます。討論会という場で、有権者に早く互いの政策を伝えるということも非常に重要なことですが、有権者が望むかたちで伝えるということもまた、非常に重要なことだと考えます。

　お忙しいことと存じますが、ご一考いただければ幸いです。」（2017年7月9日）

　伝える人（立候補者）の立場で仕組みをつくるのではなく、聞きたい人（有権者・市民）の立場に立って、ものを考えて欲しいという指摘は、とても重要である。

▌市民による比較表づくり

　市民による立候補予定者の政策の比較も行われた。告示前の公開政策討論会では、メインテーマが、人口政策（作手会場）、産業政策（鳳来会場）、市民自

治政策（新城会場）であるが、千秋在住（http://kemanomake.dosugoi.net/）というブログでは、それぞれを詳細に分析・比較している。

例えば、産業政策では、候補者ごとに、３回にわたって詳細な検討がある。

穂積氏は、「起業・創業への公的支援」を提案しているが、これは穂積氏しか言及していないとしたうえで、「大きな儲けや雇用増は期待できないのが現実だと思う。しかし、個人の起業・創業への支援が厚く成功例も多々ある地方自治体『新城市』というウワサ、ネームバリューは、長い目で見れば企業の誘致、若者特にチャレンジ精神に富んだ人材の誘致に繋がり、新城市の活性化に役立つのではないかと思っている。

この点に対する２氏の穂積氏への評価、２氏ご自身の起業・創業支援への考え方など知りたいところだ」としている。

白井氏の主張は、里山資本主義を基調とするもので、新城市の自然を活用して産業につなげるという政策になるが、白井氏だけが主張している政策に、木質バイオマス発電である。新城市は、森林面積が、市域全体の85％もあり、森林資源は豊富である。

しかし、この木質バイオマス発電政策には期限が書かれていないことから、「この辺り楽観的な討論ではなく、現実を見つめながら再生可能エネルギー活用の必要性や新城市の地域の特性などを考慮した具体的な取り組み方を討論してほしいものだ」としている。

山本氏は、挑戦者ということもあって、大胆な政策を提案している。「新城おもしろ化」もそのひとつであるが、山本氏の「もりあげる」に列挙された政策を読んでいるとどれも夢があって楽しい気分になるとしたうえで、市長になったら、「そんなことをするカネはあるのかっ！」と、非難轟々であろうことが容易に想像できる。「選挙期間中は愛想良くしてくれてた仲間のような市民が、たちまち非難を浴びせる厳しい市政批判者になってしまうであろうことをリアルに想像してほしい。そのために、まずは他の２氏の政策批判に十分耐えうる具体例や根拠、政策を推し進める意志をしっかり用意しておいてほしいと思う」としている。

▌経験者の参加

　公開政策討論会の仕組み作りは、初めてのことで、実際には簡単ではない。それを一からやっていたら、時間ばかりかかってしまう。経験者しかわからない、ちょっとした工夫も数多くあるだろう。

　こうしたなかで、田村さんなどJCメンバーが、これまでに知見を活かして、準備会、実行委員会、そして本番の公開政策討論会でアドバイスや手伝いを行った。この経験者の参加も、短期間で公開政策討論会を企画、実施し、円滑に運用できた理由であろう。

（3）公開政策討論会に参加して感じたこと（ねらいは達成できたか）

▌どのように行われたか

　告示前の公開政策討論会は、合計3回行われている。新城市は、旧新城市、鳳来町、作手村の1市1町1村の対等合併であるが、この合併前の3市町村での巡回方式で行われた。

　私（松下）が参加したのは、第2回目の旧鳳来町で行われた公開政策討論会であるが、会場である飯田線の本長篠駅近くの開発センターの250人入る会場は、満杯だった。

図表Ⅰ-4-2　公開政策討論会の様子（鳳来会場）

（出典）ほづみ亮次 後援会公式サイト

　新城方式の公開政策討論会は、候補者１名がコーディネーターとなって他の２名の候補者に、争点について質問し、議論を促す方式である。１クール25分で立候補者３名で３クールまわすという方法が採用された。

　候補者が進行役なので、中立性に拘泥することなく、議論を進めることができる。その分、相手の主張の弱さが、浮き彫りになる仕組みだから、聞いているほうにとっては、わかりやすい。コーディネートのやり方や進め方、論議の仕方や口調も含めて、人柄も浮き彫りになる。その結果、政策に対する考え方（争点態度）だけでなく、候補者の人となりの浮き出る（候補者イメージ）討論会となった。

▌争点選挙

　新城市の公開政策討論会では、人口（作手会場）、産業（鳳来会場）、市民自治（新城会場）を争点にして、討論会が行われた。

　それぞれ新城市が抱える政策課題であるが、この公開政策討論会が行われなかったら、この争点も見えなかったろう。市民にも考えてもらう争点を提示する機能が、この公開政策討論会にあるということである。

　例えば、人口問題では、穂積氏は、第二東名の開通を契機に、新たな産業・観光を増やすことで、交流人口・関係人口の増加策にかじを切った。日本全体の人口減少のなかで、消滅可能性都市と名指しされた新城市の定住人口を増すという政策は、現実的ではないからである。

　挑戦者の白井氏は、里山資本主義をもとに新たな産業を興し、人口の増加を提案した。森林面積が85％にも及ぶ新城市の特徴を強みに替える政策提案である。山に眠っている木材のエネルギー・資源化で、木材産業で雇用の創出を図ろうとするものである。

　挑戦者の山本氏は、市民NPO主義の立場から、人口政策を主張した。市民NPO主義は、新しい公共論を前提にするもので、これまでの自治を「つながり」をコンセプトに組み立て直すことで、新しい自治のかたちを示した。

　地元紙（東日新聞）は、次のように評価している。

　「８年前と同じ顔触れの市長選は、人口減少や産廃施設の対策を争点に、現職と新人が三つ巴の選挙戦を展開。今回は全国的にも珍しく初の試みとして、３者が公開討論会や合同個人演説会などで各テーマについて政策を提案、穂積氏の主張は市民の心を捉え多くの共感を呼んだ。

　現市政を否定する他候補に対して、穂積氏は、少子高齢化や過疎化など人口減少時代を乗り越えるための将来的なビジョンを打ち出し、新城市の行方を明確に示した。今回の選挙結果を受け、次期４年間で市民の期待を背負い新時代への新たな扉を開く。」（2017年10月30日）

▎人となりが分かる

　新城市の公開政策討論会の立ち上げを巡る一連のやり取りのなかで、３人の人となりを垣間見ることができ、それぞれが市長になったら、どんな市長になるのか、その一端がうかがわれた。

　白井氏は、候補者の公的責任を問う姿勢を明確に打ち出している。白井氏が市長になったら、スジを通す市長さんになるだろう。

　他方、穂積氏は、相手にスジを求めても、時間を無駄にするだけで、先方の求めに柔軟に応じるという立場を堅持した。地方政治も地方行政も、理屈だけでは進まず、できるところから一歩ずつ進めるしかないが、そうした体験を踏まえた発言なのだろう。

　山本氏は、市長になったら、よく話は聞いてくれる調整型の市長さんになるのだろう。

　また、公開政策討論会では、２時間もみんなの前に自分をさらすことになる。ふとした表情に、その人の人となりを垣間見ることができるし、２時間も話していると、その人の人となり、実力、考えの深さ、自信の有無などが、如実に出てくる。新城方式は、討論の進行を候補者自らが行うというものであるが、このやり方も三者三様で、人となりが出るものだった。

▌市民自らが当事者となる

やはり特筆すべきは、公開政策討論会の会場で候補者の主張を聞いた市民の態度である。産廃問題や住民投票など、新城市の亀裂の原因となっているテーマについては、候補者の発言が、自分たちの意見とは違うと考える人も多数参加していたが、誰一人、ヤジやブーイング、あるいは拍手をするものではなく、整然と話を聞いていた。

候補者より聴衆のほうが、禁欲的で、感情的反応を表さないように、心している感じのようなものが伝わってきた（例えば、候補者が、相手の行動を揶揄するような、笑いを誘うようなことを言っても、聴衆は反応しないような態度）。

公職選挙法の改正以前の立会演説会は、市民自身の行為によって、いわば自滅的に廃止されたが、新城市の公開政策討論会は、市民の自律が効いたものになった。その根底には、自治基本条例や市民まちづくり集会といった、自治の積み上げが、あることは間違いないだろう。

直接的な要因は、運営を担当した事務局への信頼が、会場に波及していると思う。この公開政策討論会は、各陣営から推薦された市民が、知恵を出し、仕組みを作った。普通に考えると、選挙なので、自陣営の利益を優先した発言に終始しがちと思うが、実際は、いい仕組みをつくろうという雰囲気で進んだが、これが会場に波及したのだと思う。

一般的に言えるのは、公共的な役割を頼まれると、日本人は、私的利害をわきにおいて、みんなのためになることを考えるという良き性向がある。ここから学ぶのは、市民、みんなのための仕事をするという意義をきちんと示すことの重要性である。

そのうえで、司会進行や最初の説明資料づくりを行った田村太一氏の安定感のある運営も、信頼性が高まっていく要因だったと言えよう。

▌安心して公に関わることができる機会

新城市における公開政策討論会に参加して特に印象的だったのは、旧知の市役所職員が、聴衆として多数、参加していたことである。事務局や運営の裏方で

はなく、聴衆として、これだけ多くの市職員が参加するのは、珍しい光景だった。

　自治体職員は、選挙は国民の権利であり、国民の一人として、立会演説会等への参加は自由であるが、実際には選挙や政治にかかわると、面倒なことになると本能的に知っている。この公開政策討論会は、それを乗り越えようという試みであるが、すべての立候補予定者が参加し、運営は市民たちが行い、参加は誰にでも開かれ、会そのものも粛々と公平・公正に行われたことから、公務員も安心して参加できたのだろう。事情は一般住民も同じで、公共性が高い組織が運営する公開政策討論会の意義を実感できたのではないだろうか。

▌まちづくりのひとつ

　この公開政策討論会は、直接には市民に市長選びの判断材料を提供するためのものであるが、実施した結果として、まちづくりになったし、公開政策討論会は、市民全体によるまちづくり会議になったと言える。

　例えば、産業政策をめぐっては、穂積氏の主張は、「税金を払い、人が雇用されるのは工業だから、新東名が開通した今をとらえて、取り組んでいこう」というものである。他方、白井氏は、「田舎の資源を活かすことで永続する社会が実現する」というもので、農業、林業、観光に重点を置いている。このアプローチは、成果が出るまで時間もかかるし、他から稼ぐという点で弱いので、実際、穂積氏からも厳しい批判があったが、ある種の豊かさを達成した日本が、もう一つの目指す豊かさであることは間違いない。もう一つの産業政策として、大事に育てていくべきことだろう。

　こうした議論を通し、自分の政策を深め、相手の政策を勉強することで、立候補予定者も大いに勉強になったのだろうし、市民、行政職員、議員も、こうした論議を通して、自分の考えを深めることができたと思う。

（4）公開政策討論会は有効だったのか

▎投票率に寄与したか

　公開政策討論会は、投票率の向上に寄与したのか。有権者の選択・判断のために役立ったか。

　新城市における市長選の投票率は、2005年は80.71%、2009年は77.32%、2013年は71.07%、そして今回（2017年）は69.23%になった。前回よりもさらに2%下がっている。これを見ると、公開政策討論会は、投票率の向上に寄与しなかったように見える。

　アメリカの政治学者ライカーとオードシュックは、合理的選択理論に依拠して、有権者が投票に際してどのような行動をとるかを以下のように定式化した。

$$R＝P×B＋D－C$$

　Rは、有権者が投票することによって得られる報酬、R＞0であれば有権者は投票に行き、R＜0となると有権者は棄権すると考えられる。Pは、政治的有効性感覚、Bは、自分が支持する政党ないし候補者が政権についた場合と自分が支持しない政党ないし候補者が政権についた場合にもたらされる効用の差である。この効用の差が大きければ大きいほど、有権者が投票に参加する可能性は高くなり、どの候補者も同じだと思えば、投票しない可能性は低くなる。Dは、民主主義の主権者としての責任意識、Cは投票コストである。したがってR＞0として、投票率を上げるためには、P・B・Dを上昇させ、Cを低下させる方策が必要である。そして、PやBをあげる方法のひとつが、今回の公開政策討論会である。

　Cの投票にかかるコストは、一般には、①雨か晴れか、②投票所が近いか遠いか、③投票時間が長いか短いか、④同日選挙が要素であるが、この選挙のときは、新城市に台風22号が近づき、大雨という気象状況だった。それにも関わらず、前回の2%減にとどまったのには、公開政策討論会が、どの程度寄与したかは正確にはわからないが、「少しは寄与したのでは」というのが私の推論である。これを「ある程度効果があった」に高めるための制度づくりや周知・PRが今後も重要だということである。

▎新たな文化づくり

　実際問題として、後援会組織が強く、地元のしがらみも多い新城市では、公開政策討論会で話を聞いて、投票先を決めたという人は、さほど多くないだろう。そもそもミシガン大学によるアメリカ大統領選挙に関する研究でも、有権者の３％しか争点投票をしておらず、最大でも12％だとされている。公開政策討論会は、選択判断の決定打にはならなかったかもしれないが、候補者が政策を語る中で、候補者を応援する人たちも、自信を持ったり（反対に疑問をもったり）する機会となったのではないだろうか。

　選挙を政策中心に変えていくことは、いわば新しい文化づくりなので、時間もかかるし地道に進めていくしかない。文化の変容には、これを常設的な仕組みとして、経験・体験を重ねていくしかない。また、実際に今回の取組みにかかわった人たちの知恵と経験を散逸させず、文化づくりの資源として継承していくべきだろう。常設的な仕組みの意義である。

（5）常設化へ

▎改めて分かった。つくり上げることの難しさ

　新城市の公開政策討論会は、告示の３週間前にようやく実施できたが、７月に協議を始めてから、スタートまで３か月かかったということである。穂積氏と白井氏の間でのメールのやり取り、山本氏への説得、その間、考える時間や相談する時間を含めると、膨大な時間とエネルギーを使っている。自分の選挙活動に多忙な中、よくできたという思いとともに、改めて、選挙の度ごとに、この作業を繰り返していたのでは、公開政策討論会の安定的な実施が覚束ないことも明確になった。

　公開政策討論会の実施まで、調整作業、準備作業をショートカットできるように、常設的な公開政策討論会の仕組みが必要だということである。

▎穂積市長所信表明

　穂積市長が再選され、平成29年新城市議会12月定例会で、第４期市政運営に

向かう所信表明が行われた。そのなかで、公開政策討論会の条例化が宣言されている。

「いま国の内外では、分断と不寛容、排他主義の思考と行動が広がろうとしています。

それに対して『チームしんしろ』は、多様性を受容し、支え合い、互いを豊かにし、世代のリレーを実現し、人々の再結合をめざします。

それを可能にするすべての土台は自治社会の広がり以外にはありません。

住民の相互扶助を原理とする地域自治、市民自治を倦まずたゆまず育成強化し、どこまでも深めていこうとする指向をもった社会にだけ、人口減少時代にもすべての人に豊かさをもたらせるものと確信しております。

この点で、今回の市長選挙は市民自治社会の構築に、また新たなステップを用意しました。自分たちの代表者を選出するときに、広く政策討論を実施し、誰でもが政治論争にアクセスして熟議・熟考の時間を持てるようにして、市民一人ひとりの主体的な選択を促す機会を提供するとともに、その場を市民自らが自主的なルールに基づいて運営しきったことです。

この経験をもとにこうした試みを市政運営と市民自治の常設ルールに高めるべく、市条例の制定を提案したいと考えるものです。」

▌諮問

この所信表明を受けて、2018年6月8日に、新城市市民自治会議に公開政策討論会の条例化の諮問が行われている。市民自治会議は、自治基本条例に基づくもので、自治基本条例の推進組織である。

諮問の内容は、次の通りである。

新城市自治基本条例の実効性の確保のため、下記のとおり市民自治会議に意見を求めます。

1、諮問事項、新城市自治基本条例の定める市民の権利を具現化するための
    公開政策討論会のあり方について。

2、答申期限、平成31年3月末まで。

答申

　市民自治会議で検討ののち、答申は、2020年２月12日に行われている。その内容は、次の通りである。

　1．新城市自治基本条例に定める市民の権利を具現化するための公開政策討論会条例について

　今年度の市民自治会議は、今まで本市で行われた市長選挙公開政策討論会や平成30年度から検討している市民の権利を具現化するための公開政策討論会のあり方について、振り返り論点を整理するところから議論をスタートしました。その上で、公開政策討論会検討作業部会のまとめを基礎検討資料とし、市民まちづくり集会での市民発表「公開政策討論会とまちづくり」の成果などを踏まえ、具体的な公開政策討論会制度の検討を行いました。

　主な論点は、市民の知る権利と市長立候補予定者の政治活動の自由とのバランス、公開政策討論会手続きの公平性・中立性の担保が必要不可欠であることなどがあげられました。

　また、市長立候補予定者が一人の場合でも公開政策討論会を開催する必要があること、参加できない市民のために開催動画をWebで公開することが必要です。

　公開政策討論会条例の概要は別添のとおりです。

　なお、公開政策討論会条例（案）については、これまでの議論を参考により良い条例並びに必要法規を制定していただきたい。

【公開政策討論会条例の概要】

（1）公開政策討論会の目的

　　まちづくりの担い手である市民の市政参加の機会及び市民の知る権利を保障する手法として市長選挙立候補予定者公開政策討論会を開催することにより、まちづくりの課題及びその解決策に関する市民の意識の向上を図り、もって市民が主役のまちづくりの推進に資することを目的とする。

（2）公開政策討論会の開催

　　公開政策討論会は、選挙の告示の日の前日までに開催するものとする。ま

た、任期満了、辞職及び死亡のいずれの場合でも開催するものとする。

また、立候補予定者が一人の場合でも公開政策討論会を開催するものとする。

（３）基本原則

参加する立候補予定者のまちづくりに関する政策及びこれを実現するための方策について、市民の理解を深め、選挙への市民の関心を高めることを目的として行う。

立候補予定者は、公開政策討論会の趣旨を理解し、これに参加するものとする。この場合において、参加の申出は、立候補予定者の意思に基づくものとし、不当に義務を課するものであってはならない。

公開政策討論会の開催に必要な手続及び議事運営は、公平かつ公正に行われることを基本とし、市民の視点で分かりやすい内容及び方法で行われるものとする。

（４）公開政策討論会の開催日等の決定

公開政策討論会を開催するときは、市民自治会議の意見を聴いて、開催日、開催場所その他開催に必要な事項を決定する。

（５）公開政策討論会の参加の申出

立候補予定者は、公開政策討論会の開催日の45日前までに申出書、公開政策討論会の議題及び、陣営から運営に参加する人の推薦書を提出するものとする。

なお、公開政策討論会への参加は、公開政策討論会開催の７日前までに申出書を提出することにより参加することができる。その場合は、申出書のみで、公開政策討論会の議題及び、陣営から運営に参加する人の推薦書は提出することができないものとする。

（６）公開政策討論会の開催日時、場所及び議題の決定及び公表

立候補予定者から申出書の提出があったときは、開催日時、開催場所及び議題を決定し、直ちにこれを公表する。

また、期日までに提出がなかったときは、公開政策討論会の開催の中止を

決定し、直ちにこれを公表する。これらの公表は、インターネットの利用その他の適切な方法で行う。

（7）市政に関する情報の提供

　市の機関は、公開政策討論会の開催に当たって、公開政策討論会に参加する立候補予定者からの市政に関する情報の提供を求められたときは、これに応じるよう努めるものとする。

　また、情報の提供は、公開政策討論会に参加する全ての立候補予定者に対して行うものとする。

（8）公開政策討論会の公平性及び公正性の確保

　市長は、自らが立候補予定者として公開政策討論会に参加することができる権利を有することを鑑み、公開政策討論会を開催するに当たっては、市民の協力の下、手続及び議事運営が公平かつ公正に行われるように配慮しなければならない。

▌条例提案・議決

　条例（正式名称は「新城市市長選挙立候補予定者公開政策討論会条例）は、2020年6月議会に提案された。そして、賛成多数で可決。公布日から施行されることとなった。

　翌日、新聞は次のように伝えている。

　「愛知県新城市議会は26日、市長選の際に立候補予定者の公開政策討論会を市が開催することを盛り込んだ条例案を賛成多数で可決した。市によると、首長選の討論会を市開催とする条例の制定は全国初。

　条例では、市長が市民をメンバーとする諮問委員会の意見を参考に開催日や場所を決定。立候補予定者側からの申し込みにより参加者を決める。討論の進行役は立候補予定者の承認を得て市長が指名する。

　選挙の際の討論会は地元の青年会議所（JC）が主催する例が多い。しかし、会員数が減少している新城JCによる開催は難しい状況。前回の2017年の市長選挙では、出馬陣営が協力して開いた」（中日新聞　2020年6月27日）

　現在の市長任期は来年の2021年11月12日なので、次の市長選挙から条例適用となってはじめての運用を迎えることになる。

　新聞には、次のようなコメントが載っている。

・市民のための討論の場を確保する取り組みには賛成で方向性は意義深い。ただ、現職が出馬する場合、市の予算執行者の立場と政策を述べる者の立場を峻別しなければならない（早稲田大大学院元教授・弁護士〈選挙制度論〉片木淳氏、中日新聞　2020年6月27日）

・告示前の討論会の主催者は特に法的規定はなく、選挙の事前運動に該当しないように運営すれば公設でも可能（総務省選挙課・朝日新聞　2020年6月27日）

5.　制度化に当たっての論点

（1）制度の基本理念

▌市民参加の制度

　公開政策討論会の制度設計に当たっては、立候補者のためのものではなく、市民のための制度であることを基軸に考えていくのが基本である。公開政策討論会が、伝えたい人（立候補者）のための制度になってしまったら、聞きたい人（有権者・市民）は、期待を裏切られ、失望し、シラケてしまう。

　ここを基本にすると、制度設計では、いくつかのことが決まってくる。例えば、公開政策討論会の会場であるが、聞きたい人（有権者・市民）の立場から考えると、ちょっと時間を作れば行くことができる、できる限り身近な場所でやってほしいということになる。

　むろん、市民の観点に立った制度づくりや運営は、言うほど簡単ではなく、法律のしばりや時間との勝負もあるが、この基本を忘れないでやっていけばよい。

情報提供から熟議の機会

公職選挙法では、選挙運動は、選挙の告示日に立候補の届出をしてから投票日の前日までの期間しかできない。特定の候補者に投票してもらうことを目的に、戸別訪問することも禁じられている。ビラ、ポスター、郵便物など文書図画は、使用できるものは選挙の種類ごとに、種類、規格、数量などが細かく制限されている。

公職選挙法の考え方は、選挙の公正と候補者間の平等を確保することに急で、市民が立候補者の主張を吟味し、自らの考えを深めていく「熟議の選挙」には消極的である。選挙における表現活動も、結局、立候補者が、市長村長に当選した暁には実現したい政策を立候補者から市民に一方向で伝える情報提供にとどまっている。

公開政策討論会条例は、こうした法の欠缺を補う制度である。

立候補予定者の公約や主張は、公開政策討論会を通して、さまざまな観点から、質問を受け、批判を受け、それに答えていくなかで、鍛えられ、より実現性の高い政策になっていく。立候補予定者間の議論のなかで、論点、争点が明確になっていけば、住民が、自分たちの問題として、考える機会になる。公開政策討論会は、情報提供にとどまらず、市民に熟議の機会を提供するものである。

選択肢の一つ

公開政策討論会は、有権者・市民にとって、選択肢の一つであることを忘れてはいけない。

有権者にとっても、投票にあたっての判断は、人それぞれである。候補者と直接、対面し、直に話を聞いてみたいという人もいるし、パンフレットや政策集をじっくり読み比べて判断したいという人もいる。これは有権者の自由な選択である。同じように、立候補者が一堂に会して、政策論争を行うのを聞いて判断したいと思う人も多い。その有権者のニーズにこたえ、自分の運動のひと時を割いてほしいというのが、公開政策討論会である。

　これは立候補者にとっても同じで、有権者一人ひとりに直接会って、思いを訴えるというやり方もあるし、詳細なマニフェストをつくって、文書で有権者に理解してもらおうという方法も、立候補者の自由である。なかには、他の立候補者と政策論争してみたいという立候補者もいるだろう。そのニーズに応じたのが、公開政策討論会である。

　つまり、公開政策討論会は、それ以外の方式を否定するものではなく、有権者・市民、立候補者に、もうひとつの方式を用意するものである。

（2）設計・運営の基本原則

①公平・公正性

　公平・公平は、選抜システムの前提条件なので、公開政策討論会も、中立で公平・公正に運営されなければならない。したがって配分的公平・公正（発言順、発言時間、情報へのアクセス）、手続的公平・公正の両方が必要である。

　例えば、市長選への新たな立候補予定者からの希望があれば、行政の保有するデータや情報をきめ細かく提供する制度を設けることにより、情報格差を少なくし、議論の前提条件を整えることがその例である。

②自由性

　オープンな開催という面では、公開政策討論会は、老若男女の誰もが気兼ねなく自由に参加できることが望ましい。開催場所や開催時間等に配慮することが必要である。新城市では、合併前の旧市町村の会場で開催された。

　参加の自由性という面では、公開政策討論会は、立候補予定者に参加を義務付けるものではなく、立候補予定者がその意義を十分に理解した上で自ら進んで参加するものである。

③柔軟性

　公開政策討論会は、政策や人柄について熟議・熟考する機会のひとつであり、他の手段までも否定するものではない。市民に判断の材料を提供する手段は、重層的な方が好ましい。

　また、開催形式は、市民が、立候補予定者の政策や人柄をより理解しやすい

ような形式で、常に改善しながら、あまり固定化してしまわない方が良い。実施してみて、気がついた点を修正しながら、練度をあげていってほしい。新城市の公開政策討論会では、開催の度に反省会を行い、微修正を重ねていった。

④当事者性

　公開政策討論会の運営は、行政任せ、他人任せではなく、市民も当事者となって行っていく必要がある。新城市の公開政策討論会では、各陣営から市民３名が出て、準備会や当日の公開政策討論会の運営を行ったが、それが安定的な運営にもつながった。

　公開政策討論会における討議は、できる限り多くの市民にふれる機会をつくることになる。巡回型の会場、参加しやすい雰囲気、市民が判断しやすい議論の進め方、ネット中継など、できる限り市民が当事者性を持てるように運営していく必要がある。

　余裕を持った開催も重要である。できるだけ早くに開催が告知されれば、市民も参加しやすい。立候補予定者の表明の有無に関わらず、少なくとも半年以上前には開催に向け主催団体が動き出せるようにすることが望ましい。

⑤自律性・公共性

　公開政策討論会は、脆弱な制度である。会場で、誰かがヤジや拍手等をして妨害をしたら、あっという間に崩れてしまう。それを強制力で禁止することはできないので、参加者の自律を高め、参加者自身で、守っていかないといけない。

　そのためのルールを定め、これを参加者が確認する機会をつくるべきだろう。新城市では、告示前３回、告示後１回の公開政策討論会が行われたが、いずれも整然と行われた。

　その理由のひとつが、これを運営したのが市民で、運営側が事前にしっかりとした準備をしていたことが最大の要因だと思われる。行政が無難に済まそうと考えて運営していたら、結果は違ったものになったと思う。

（3）市民は担えるか

▌立会演説会はなぜ廃止されたのか

1983年の公職選挙法の改正で、立会演説会が廃止された。立会演説は、本来、選挙の王道である。候補者がそろって、自らの政策を演説し、それを有権者が聞けば、代表にふさわしい人を適切に選ぶことができるはずである。ところが、実際にはうまくいかず、廃止となった。なぜ廃止となったのか、そこから公開政策討論会の制度づくりの重要なヒントが出てこよう。

立会演説会では、次のようなことが行われた。

①ヤジと怒号。自らの意見と違う候補に、ヤジと怒号を浴びせたのである。人として礼を逸した話であるが、実際、そうなった。

②漫談調のおもしろい話をして、一般受けを狙う候補者がいた。これでは、政策を聞いて比較判断しようという、まじめな有権者は、参加しなくなる。

③大挙して出かけ（動員）、自分たちが応援する候補者の演説が終わると、みんなで帰ってしまう。観客のいない閑散とした会場で、残された候補者は演説をすることになる。

以上は、あまりに低レベルの話であるが、これが日本で実際に頻発した。こうしたことが現代でも起こることがないように、知恵を絞って、仕組みを作らなればいけない。

▌新城市における実践

新城市における公開政策討論会の実際は、YouTubeに残っているので、その映像を見てほしい。もっときちんと答えてほしいと思う内容もあったが、これもその人の人となりの反映で、見る人によって評価の一助になる。

全国のなかで、新城市民のみが、特に意識が高いわけではない。それにもかかわらず、だれ一人、ヤジやブーイング、あるいは拍手をするではなく、整然と話を聞いている。

そのためのルールや運営方式があれば、どこの町でも同じようにできる。本書の第2章では、そうした細かいノウハウを紹介している。

（4）政策形式としての条例

▍パーソナリティに頼らない仕組み

　公開政策討論会が、広く行われるためには、できる限り障壁が低く、だれでも参加できることが不可欠である。

　新城市で、討論型の公開政策討論会が行われた背景は、①自治基本条例をまじめにつくってきたことで自治の土台があること。そのうえで、②庁舎問題、リコールの住民投票などが行われたことが、住民が考えるという風土となったこと、そして、最大の要因は、③候補者たちの個性である。すでに見たように、「このままではだめだ」という候補者たちの思いが、実施までの難しい調整・交渉を支えてきた。

　しかし、公開政策討論会の成否が、候補者たちの個性に委ねられていたら、メンバーが変われば実現できないし、他の自治体でも簡単に実施できないことになってしまう。当事者の個性によらないで実現できる政策形式が必要で、それが条例である。

▍条例の意味

　一般に政策形式には、条例、規則、要綱がある。しかし、要綱は、上級機関が、その所管する機関又は職員に対して、その所掌する職務の運営の基本に関して発する命令である。行政機関内部を拘束する指針であるので、そもそも公開政策討論会のルール形式としては、適切ではない。

　新城市は、今回、公開政策討論会制度を条例で規定したが、なぜ条例なのかである。これは条例とは何かに関連する。

　①まず条例は、一方の市民代表である市長が提案し、もう一方の市民代表であり最終決定権がある議会が制定するものである。2つの市民代表が、これは必要だと宣言しているわけで、より民主性が高い政策形式と言える。

　②安定性、持続性という点で条例は優れている。その都度、話し合いで決めようというやり方だと、今回のように、スタートラインにつくまで、2か月も3か月もかかってしまう。条例があれば、そこからスタートできる。また、市

長が変わっても、条例ならば、廃止しない限り、これを守っていかないといけないという継続性もある。

③条例とはいっても、この条例で立候補予定者に公開政策討論会を強制することはできない。努力義務の条例であるが、条例で決まっていれば、実際には、ほとんどの候補者が参加するだろう。実効性という点で効果的である。

（5）法的適合性──公職選挙法との関係は

▎公職選挙法があるのにこうした条例をつくれるのか

法律と条例の優越については、基準となるのが、徳島市公安条例判決（最高裁昭和50年9月10日大法廷判決刑集第29巻8号489頁）である。この判決で、それまでの法律先占論から実質判断論に転換した。

大法廷判決は、条例ができる場合、できない場合を3つのケースに分けている。

（1）ケース1・法律がない場合

　　・地方にまかせている。だから法律がない場合　　○

　　・規制（規律）しない趣旨で法律を作らなかった場合　　×

（2）ケース2・法律がある

　a．目的が違う

　　・法律の目的と効果を阻害しない場合　　○

　　・法律の目的と効果を阻害する場合　　　×

（3）ケース3

　b．同じ目的

　　・法が地方ごとに、別の取り扱いを容認している場合　　○

　　・法が全国一律を前提にしている。地方ごとの違いを認めない場合　　×

公開政策討論会条例は、ケース2に当たる。つまり、公職選挙法の目的と効果を阻害しなければ条例がつくれることになる。

まず公職選挙法の目的であるが、「その選挙が選挙人の自由に表明せる意思に

よって公明且つ適正に行われることを確保し、もつて民主政治の健全な発達を期すること」(第1条)が目的である。他方、公開政策討論会は、立候補予定者の「市政に関する政策及びこれを実現するための方策について、市民の理解を深めることを目的」として行われる(基本原則、第3条1項)。

両者は目的を異にするが、民主主義のもとでは、市政参加や市民の知ることは、基本的な権利であり、これを尊重することが、選挙の公明や適正という、公職選挙法の目的と効果を阻害するものではない。

▎公職選挙法の事前運動の禁止に当たらない立法技術

公職選挙法は、事前運動を禁止している。選挙運動は、選挙の公示・告示日から選挙期日の前日までしかすることができない(公職選挙法第129条)。この期間以外で選挙運動を行えば、事前運動と認定されることになる。

公職選挙法には、選挙運動の定義はないが、判例・実例によれば、選挙運動とは、①特定の選挙で、②特定の候補者のために、③当選を目的として、④投票を得又は得させるために直接又は間接に必要かつ有利な行為であるとされている。

他方、公職選挙法は、政治活動という用語も用いている。

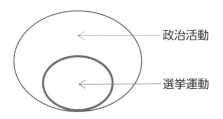

個人の政治活動については、法第143条第16項～第19項に文書図画の掲示につき規制があるほかは、原則として自由に行いうる。

・特定の候補者を当選させることを目的にするためのものではない政治活動

・投票を獲得するためにする場合ではなく、普段から市民に接触し自己の政見などを市民によく知ってもらうために行う活動などは、選挙運動に含ま

れない

　要するに、公開政策討論会が、「選挙運動」に該当しないこと（選挙運動だとの疑義が生じない条例の規定）が前提となる。逆に言えば、公開政策討論会が、「政治活動」であることが、条例の規定からもうかがえることが必要になる。

　新城市の公開政策討論会条例では、公開政策討論会は選挙活動ではないことを示す注意規定（第３条２項）をおいて、疑義が出ないようにしている。公開政策討論会を開催することによって、結果的に、「選挙への市民の関心を高めること」にもなるが、この条例は、選挙のためではなく、あくまでも「市政に関する政策・方策について市民の理解を深める」ことに純化している。

（6）執行機関の多元主義との関係・選挙管理委員会との役割分担

　執行機関とは、条例、予算その他の議会の議決に基づく事務及び法令、規則その他の規程に基づく自治体の事務を、自らの判断と責任において、誠実に管理し執行する機関である。日本の地方自治では、この執行機関の多元主義を採用していて、住民によって直接選ばれる長のほか、長から独立した委員会・委員も執行機関である。

　自治体必置の委員会・委員としては、教育委員会、人事委員会・公平委員会、監査委員があり、選挙管理委員会もそのひとつである。選挙委員会を長とは独立した別の執行機関とした趣旨は、政治的中立性の確保のためである。

　選挙に関する事務は、選挙管理委員会の専管事項なので、市長が選挙事務を行うかのような記述は、法律違反の恐れがある。新城市の公開政策討論会条例は、この点にも注意して、選挙事務とは切り離した仕組みを採用している。

　例えば、パブコメ案には、「３　基本原則」（１）「選挙への市民の関心を高めること」が掲げられていたが、条例では削除されている。結果としてそのようになると思われるが、条例の目的としては、選挙のためではなく、あくまでも「市政に関する政策・方策について市民の理解を深める」ためだからである。

（7）選挙の自由との関係

憲法論との関係

　憲法論との関係では、そもそも事前運動を禁止するのは、行き過ぎではないか、憲法の保障する表現の自由、選挙運動の自由に違反するのではないかという疑義がある。この点については、最高裁大法廷判決（昭和44年4月23日刑集第23巻4号235頁）がある。

　最高裁判所は、次のような理由で、合憲としている。「公職の選挙につき、常時選挙運動を行なうことを許容するときは、その間、不当、無用な競争を招き、これが規制困難による不正行為の発生等により選挙の公正を害するにいたるおそれがあるのみならず、徒らに経費や労力がかさみ、経済力の差による不公平が生ずる結果となり、ひいては選挙の腐敗をも招来するおそれがある。このような弊害を防止して、選挙の公正を確保するためには、選挙運動の期間を長期に亘らない相当の期間に限定し、かつ、その始期を一定して、各候補者が能うかぎり同一の条件の下に選挙運動に従事し得ることとする必要がある」。

　大法廷判決は、「選挙運動をすることができる期間を規制し事前運動を禁止することは、憲法の保障する表現の自由に対し許された必要かつ合理的な制限である」として、合理性の基準を用いている。

　他方、学説は、基本的人権の規制について、二重の基準論をとり、精神的自由については、厳格な基準を採用して、選挙運動については表現行為の一形態であるばかりか、国民主権や民主主義と密接な関連性を有することから、より制限的でない他の選びうる手段などの厳格な基準で判断すべきと批判している。

　最高裁の合理性の基準の考え方は、融通がきき、政策法務論からは、使い勝手が良いが、逆に言うと、裁判所のセンス如何によるという頼りなさもある。その限界が露呈した判決と言えよう。

ひとつの機会を増やすもの

　公開政策討論会は、立候補予定者にとっても、市民にとっても、ひとつの機会をつくるものである。この機会を利用することも利用しないことも自由である。

　ぎりぎりに立候補を表明する候補者にとっては、この制度を利用できないので、不公正ではないかという議論もあるが、この制度は条例で決められた周知の制度なので（知らなかったということはないので）、これを利用したければ、公開政策討論会にあわせて立候補表明すればよい。

　候補者によっては、一人ひとりひざを突き合わせて政策を語る方法もあるし、ネットで自分の主張を精細に論じる方法もある。それらも重要な方法であり、それらのやり方を否定するものではない。立候補予定者にとっても、ひとつの機会を増やしたものである。

（8）自治基本条例との関係

▌信託論の内実化

　新城市の公開政策討論会条例は自治基本条例に基づいて、制定されている。

　自治基本条例は、信託論と協力・助け合いの２つでできている。信託論は、政府は（自治体政府も）市民の信託でできている、という理論である。信託論の非歴史性や仮構性を批判するのは簡単であるが、政府は市民の政府であるという理論は、魅力的である（ロックの抵抗権も、市民の政府だから、政府が市民に反したときは、これを壊すことができるという権利である）。

　自治基本条例の嚆矢となったニセコ町のまちづくり基本条例は、この信託論が色濃く出されている条例である。市民の政府とするために（市民の意の通りに動くように）、行政運営のルールや手続きが詳細に書かれている。

　それはそれで大事であり、行政や議会は、信託された通りに、きちんと行動することが求められる。同時に、信託する住民のほうも、きちんと考え、判断したうえで信託しているのか。これが公開政策討論会条例の問題意識である。今日では、市町村長選挙でも、投票率を50％切る場合も珍しくなくなった。また、頼まれたからと言った理由で投票が行われている。要するに、きちんと信託されるように信託論の内実を高める制度が、公開政策討論会条例である。

▎自治基本条例の改正

　公開政策討論会条例は、住民自治を実現するための具体的・実践的な条例であるが、この条例化の前提として、基点となる自治基本条例の改正を行うというのが、新城市の取組みである。要するに、自治基本条例に、信託の内実性を担保するという一文を入れる改正となる。

　この場合、市民の権利としてストレートに、「代表者を選ぶにあたって、市民が適切に判断できるような権利を付与する」という書き方も一つであるが、この権利は、行為規範であるといっても、権利と銘打つと、やや、しんどい場面が出てくるように思う。

　これに対して新城市は、市長選挙立候補予定者公開政策討論会の開催という規定を採用し、自治基本条例中、参加を定めた第14条に、新たに第14条の2を加え、「市長は、公の選挙のうち市長の選挙に当たっては、候補者となろうとする者が掲げる市政に関する政策及びこれを実現するための方策を市民が聴く機会として市長選挙立候補予定者公開政策討論会を開催するものとします。」とした。

（9）現職・挑戦者の有利不利

▎マニフェスト選挙では

　公開政策討論会の場で、立候補予定者が、それぞれの政策の意義を競い合う仕組みは、多くの情報やコネを持つ現職に有利で、新人には不利ではないかという疑問がある。

　実は、この問題は、マニフェスト選挙が始まったときも、同じ議論があった。マニフェストには、政策の達成時期や数値目標を示すことになるから、情報量等の点で、「現職有利、新顔不利」になるのではないかという批判である。

　しかし、実際の選挙結果は、必ずしもそうならず、むしろ現実を踏まえてマニフェストをつくった現職は迫力がなく、他方、既存の政策の延長線から逃れた新人のマニフェスト（？）のほうが、住民から支持されたという結果も出ている（しかし、実際に市長になると、マニフェストは撤回に次ぐ、撤回となる）。

　マニフェストの場合、書いてある文章を比較し、その裏付けを十分検証する間がなく選挙になるから、地道な政策よりも派手な政策のほうが有利になるとも言える。

▎現職不利の制度？

　一般には、公開政策討論会をやろうということになると、現職が逃げ回ることが多いとされる。

　現職の場合、掲げた政策のうち、十分に目標を達成できていない政策もあり、そこを新人に追及されるのが嫌で、逃げ回るのである。現職ならば、知名度もあり、組織や政党の支援がある場合も多いので、下手に公開政策討論会に応じて、対立候補に政策議論でやり込められるよりは、何もしないほうが有利だからである。このような事情から、仮に、実施したとしても、差しさわりのない、予定調和的な討論会になってしまう。

　逃げ回る相手を対象に、選挙の度に公開政策討論会の実施を合意するのは容易ではないので、あらかじめ常設的な制度を用意しておこうというのが、公開政策討論会条例である。

▎情報格差を埋める試み

　たしかに、持っている情報という点では、現職の方が圧倒的に有利であるので、現職と挑戦者の情報格差を埋める試みが必要である。

　そのヒントとなるのが、松阪市で検討された「マニフェスト支援条例」である。議会に上程されたが、委員会では「全員否決」となり、結局、議会の賛同は得られずに、条例化はできなかった。その代わり、「松阪市政に係るマニフェスト作成の支援に関する要綱」となって、今に至っている（ホームページを見ると、「この要綱は、松阪市情報公開条例の規定に基づく情報提供施策を充実するものとして定めたもので、松阪市が保有している計画などの情報を取得しやすいよう必要に応じてその内容の説明を担当職員が行います」と書かれている）。

　政策を比較・検討できる選挙を定着させることは、候補者の主張と責任を明

らかにできると同時に、それを選択する有権者の意思と責任も問うことができるという点では、公開政策討論会条例と同趣旨である。

▌挑戦者不利を乗り越える心意気と仕組み

情報格差を埋める仕組みとして、新城市の条例では、「市政に関する情報の提供」（第8条）として、次のように規定している。

1．立候補予定者は、市の機関に対し、第6条の規定により決定した議題に関連する情報の提供を求めることができる。

2．市の機関は、前項の規定により情報の提供を求められたときは、これに応じるよう努めるものとする。

3．第1項の規定による情報の提供の求めは、当該情報を保有する市の機関に対し、必要とする情報を明確に記載した書面を提出して行うものとする。

4．情報の提供は、公開政策討論会に参加する全ての立候補予定者に対して行うものとする。

さらに言えば、この情報格差の解消を行政だけが行えばよいかという問題がある。議会のほか、自治会、町内会、NPOも立候補予定者の勉強に対応できるようにする仕組みも検討の余地があろう。まちをあげて、リーダーを育てる仕組みというのが、この制度の出発点だからである。

これらは現職と新人の情報格差是正の仕組みであるが、制度だけではその差を埋めることはできない。何よりも、市長になろうとするのならば、市政の状況を調べ、疑問があれば市役所の担当課を訪ねて、あちこちで関係者と議論して、つまり時間をかけて、よく勉強したうえで、市民の期待を裏切ることのない政策を提案してほしいと思う。新人なら、現職の二倍、勉強するくらいの意気込みでやってほしいと思う。

（10）関係者の役割・責務

▌立候補予定者

立候補予定者は、市長選挙等に正式に名乗りを上げると、その時から、一般

市民とは違う責任を負うことになる。立候補予定者であっても、当選すれば公的な権限を行使する立場になる一種の公人と言えるからである。

公職選挙法も、立候補予定者も適用される場合がある。例えば、自治体・町内会の行事や運動会に金一封や酒、賞品等の寄附をすると公職選挙法違反になる。

また、市民が選挙に関心を持ち、適切に投票権を行使できるようになることは、代表民主制の基本なので、立候補予定者もこれに協力する責任があると言える。

さらには、市民のなかにある「公の場で自らの意見を表明する」ことが憚れるという風潮に対して、自由で闊達な社会をつくっていくという責任も立候補予定者にはあると言える。

▍有権者・市民

有権者・市民は、選挙に関心を持ち、選挙に行き、投票の際に代表者にふさわしい人を適切に判断できるように努力し、適切に選ぶ責任がある。

公開政策討論会が行われたら、関心を持ち、積極的に参加し、あるいはYouTube等で閲覧するように努めてほしい。

▍行政

立候補予定者や有権者・市民が、以上のような行動できるように環境整備を行い、後押しするのが、行政の役割となる。

例えば、公開政策討論会には開催費用が必要であるが、公開政策討論会は、市民の参加権を担保し、地方自治を活性化し、市民の主権者教育の一助となるので、財政的支援を行える公益性があると言える。

（11）運営上の課題
▍テーマの選定

候補者が言いたいことも大事であるが、みんなが聞きたいこと、関心あるこ

とがテーマとして、討論の俎上に載せることが必要である。

　運営側が事前のリサーチに基づいて、テーマを立候補予定者に伝えるなど、やり方には工夫が必要である。

▎準備期間

　公職選挙法のしばりなどもあり、この制度の運営には、十分な配慮と周到な準備が必要になる。できるだけ早くから、準備をスタートさせた方がよいだろう。立候補予定者の表明の有無に関わらず、少なくとも半年以上前には開催に向け主催団体が動き出せるようにすることが望ましい。

▎運営経費

　公開政策討論会の開催には、経費がかかるが（新城市では１回あたり約５万円）、公開政策討論会を主権者教育の一つと位置付け、相応な予算措置が必要である。

▎会場の仕様

　ルソーは、民主主義が機能するためには程よい大きさが大事と言っている。お互いの顔が見えれば、無責任なヤジも出ないだろう。もしヤジが出ても、ヤジの方向に向かって、みんなで「あらまあ」的な視線を投げかければ、次はやらなくなるだろう。じっくり、穏やかに話を聞ける場になるように工夫してもらいたい。

▎運営体制

　きちんとした会場管理の体制が必要になるので、運営責任者を決め、簡単な実施マニュアルをつくることになるだろう。

　大事なのは司会者である。話しやすい雰囲気と毅然とした態度が求められる。これはという人を見つけ、早めに頼んでおくとよい。

　何よりも、立候補予定者同士の裏付けのある説得的な政策論議が、第一のヤ

ジ防止策である。

　これらについては、第2章で詳細に検討されている。

（12）告示後の公開政策討論会

　新城市では、告示後も公開政策討論会が行われた。

　公職選挙法では、告示後、立候補者が集まって行う立会演説会は禁止されている。かつては、立会演説会制度があったが、1983（昭和58）年に、公職選挙法の一部を改正する法律（昭和五十八年法律第六十六号）で廃止された。廃止の理由は、すでに述べたように、演説会としての意味も乏しく、むしろ弊害が目立ったからである。

　新城市で行われたのは、「合同個人演説会」である。合同と個人が合わさった、この奇妙な名前の公開政策討論会は、この公職選挙法を受けて、それをすり抜けて、ある種の立会演説会を行おうという試みである。「公職の候補者以外の者」つまり、今回の市民実行委員会による合同演説会は、公職選挙法で禁止されているが、候補者自身が「合同で個人演説会を主催」することは禁止されていないので、その体裁をとったものである。

　だから合同個人演説会といっても、それぞれの候補者が、好き勝手なことを演説するわけではなく、進め方は、これまでの公開政策討論会と同じく、各候補者がコーディネーターをやって、相手に質問する。むしろ、告示後なので、自分が市長になったら、まちがこんなに良くなるというアピールができるので（タスキもかけられる）、内容的には、核心に触れるおもしろいものとなる（実際の討議の内容は、YouTubeに残っている）。

　この点についても、第2章で詳細に紹介されている。

（13）議員選挙はどうするのか

▌地方議員の特色

　2019年の統一地方選挙における投票率は、都道府県議員選挙44.02％、市区町村議会議員選挙45.16％だった。首長選挙よりも、さらに低い投票率となってい

る。

　投票率が下がると、選挙に行く人は、限られたコアのメンバーだけになる。自分の関係者だけで固めれば当選するようになる。候補者は、その人たちだけを意識して、政治を行うようになる。これでは、もはや市民全体の代表とも言えなくなる。その結果、ヘイトやカルトを標榜する議員だって生まれてくるだろう。

　この現状に対応して、投票率に連動して議員の当選数を決める制度といった、大胆な制度改革が必要になるだろう。3割の投票率では、定数の3割、7割ならば定数の7割が当選である。定数は、全員が投票することを前提にできているから、投票率に連動してもおかしくないだろう。

　これならば、皆、投票率を上げるために、一生懸命、活動するだろう。

▎地方議員選挙と公開政策討論会

　熟議の選挙は、市長選挙だけでなく、地方議員選挙にも必要である。この点、新城市は、市議選における公開質問状やWeb上で立候補予定者の政策が分かる「マニフェストスイッチ」などを試みている（第2章参照）。

　公開政策討論会もひとつの方法であるが、立候補者が、20人以上にもなる議員選挙では、市長候補者公開政策討論会のような方式は難しい。

　地方議員の公開政策討論会を制度設計するに当たって、考えるポイントは、その人の主義主張、それを実現できる力があるか、その人の人となり等を、住民が見て、判断できる機会をつくることである。

　例えば、20人の立候補者があれば、5人グループにして、舞台には5人が並ぶ。このグループ内の質疑応答でやる方式はどうだろう。集団面接方式である。

　この議論のなかで、リーダーシップをとる人、何も発言できない人、あるいは冷静に議論する人、その人の人となりなどが見えてくると思う。就活経験者は、こうした試練を経ているので、思ったほど違和感なくできるかもしれない。

II 公開政策討論会の開き方──新城市方式

1. 新城市における公開討論会

（1）新城市長選における公開討論会

▌開催実績

　新城市では、市町村合併前の2003年も含めると市長選挙において5回、公開討論会を開催している。いずれも、基本的なフォーマットは、一般社団法人公開討論会支援リンカーン・フォーラムが策定しているマニュアルを参考にしている。そして、その上で、毎回、新しい方式を取り入れてきた。

図表 II-1-1　新城市長選立候補予定者公開討論会の概要

開催年度	立候補予定者	公開討論会出演者		来場者	主催者（中心となる者）
2003年	2名	2名	（玉井良治・山本芳央）	400名	新城青年会議所
2005年	3名	3名	（小林常男・関口真史・穂積亮次）	700名	公開討論会を実現する会（新城青年会議所）
2009年	3名	3名	（白井倫啓・穂積亮次・山本拓哉）	700名	公開討論会を実現する会（新城青年会議所）
2013年	2名	2名	（穂積亮次・山本拓哉）	750名	公開討論会を実現する会（新城青年会議所）
2017年	3名	3名	（白井倫啓・穂積亮次・山本拓哉）	677名	立候補予定者（立候補予定者から推薦された者）

※来場者数は主催者からの報告。2017年の来場者数は計3回の公開政策討論会の合計。
※公開討論会を実現する会とは、新城青年会議所が中心となり新城市商工会青年部等と構成する実行委員会。

（資料）筆者作成

▌2017年の市長選における公開政策討論会

本書のテーマである2017年10月29日の新城市長選挙における公開政策討論会には、新城市方式と言える３つの新しい試みがある。

1．公開政策討論会の開催が、立候補予定者同士の合意により決定していること

2．公開政策討論会を企画運営する実行委員を、各立候補予定者から推薦された者が務めること

3．公開政策討論会における討論のコーディネーターを、立候補予定者自身が交代で務めること

この３点を加味したやり方が、公開討論会に新風を吹き込んだと考えている。

本章では、この2017年の新城市長選での実例を基に、各地域で、公開政策討論会を開催するに当たっての手順やノウハウ、留意するべき点等についてご紹介する。

（２）新城市議選における公開討論会

▌開催実績

新城市では、市長選と市議選は同日に行われる。しかし、新城市議会議員選挙においては、公開討論会は一度も開催していない。

理由は、立候補予定者の数である。過去５回の市議選は、いずれも立候補予定者は20名を超えていた。この場合、２時間の討論会でも、１人の発言時間は５分程度しかない。立候補予定者の政策を正しく理解するには時間が足らず、他方、開催時間の延長は、立候補予定者にも来場者にも負担が生じる。

▌公開質問状という選択

そこで、公開質問状という形で市議選への各立候補予定者の政策や人となりを知る機会を設けた。主催は、一般社団法人新城青年会議所（JC）である。

この発端は、2008年に新城市議会で議決された、２つの大きな選挙制度改革にある。

　１．定数削減　議員定数を、これまでの30名から18名へと削減
　２．全市一区　選挙区制度を、旧３市町村毎に選ぶ方式から新城市全体から
　　選ぶ方式に変更

　この改革に伴い、新城JCが行った市民アンケートでは、市議選で投票すると
きの判断基準は「なんとなく」が多く、「地元以外の候補者のことはよく分から
ない」とする回答が目立った。

　そこで、告示前にすべての立候補予定者に質問を投げかけ、その回答を冊子
にして希望する市民に配布した。

▌最近の事例

　2017年には、Web上で立候補予定者の政策が分かる「マニフェストスイッチ」
を、同じく新城JCが実施した。これは、早稲田大学のマニフェスト研究所が、
2015年に開発したシステムである。

　立候補予定者が、Web上の統一フォーマットに回答すると、それぞれの政策
が一覧で表示されたり、その人の政策の注力度が円グラフで示されたりして、
とても分かりやすい。Webで管理しているため、当選後の検証にも利用しやす
い。

　こうした、いつでもどこでも気軽に政治や選挙にアクセスできる仕組みが、
今後さらに必要となるであろう。

２.公開政策討論会の前提

（１）公開討論会と公開政策討論会の違い

▌リンカーン・フォーラム

　本章では、「公開討論会」と「公開政策討論会」と２つの表記を用いている。
2017年の新城市長選挙における討論会を、これまでの討論会と区別して説明す
るためである。

　公開討論会に関しては、一般社団法人公開討論会支援リンカーン・フォーラ

ムのホームページに詳細な説明がある。リンカーン・フォーラムとは、1996年から全国各地にて公開討論会の開催を支援している民間団体である。開催マニュアルや、すぐに使える関係書類のフォーマットもあり、公開討論会に関する基本的な情報は、ここを参照すると良い。

▌ 青年会議所（JC）

これまでの新城市長選における公開討論会は、いずれも新城JCが中心となり、新城市商工会青年部等と実行委員会をつくり、開催してきた。

全国的にも、JCが主体となって公開討論会を開催するケースが多い。それは、1998年頃から、JCが全国的に公開討論会の開催を呼び掛け、日本JCや都道府県のJCが、地域のJCの取り組みをサポートしてきたからである。

豊富な開催実績があり、蓄積されたノウハウもあるため、わがまちでも公開討論会を開催してみたいと思う方は、ぜひ地元にあるJCに相談してみて欲しい。

▌ ２つの違い

公開討論会と公開政策討論会の基本的なフォーマットは同じである。大きな違いは、以下の２点である。

１．立候補予定者同士により開催が決定され、第三者が参加交渉する必要がないこと。

２．既存の団体ではなく、個別に選ばれた委員によって討論会を企画・運営すること。

１により、これまで公開討論会が抱えていた「立候補予定者への参加交渉」というハードルがなくなる。他方、２により「思想信条が異なる委員による企画運営」という、新たな課題が生じる。

図表Ⅱ-2-1　公開討論会と公開政策討論会の比較

名称	公開討論会	公開政策討論会
方　式	リンカーン・フォーラム形式	2017年新城市方式
考案者	（一社）公開討論会支援リンカーン・フォーラム	新城市長選挙2017公開政策討論会実行委員会
主催者	主に既存の民間団体（JCが多い）	参加する立候補予定者
運営者	主に既存の民間団体（JCが多い）	参加する立候補予定者が推薦する者
参　加	主催者からの参加依頼に対し立候補予定者が出欠を回答	立候補予定者同士の協議により、出欠が確定
開催日	立候補予定者の出演承諾を得てから、告示日前日までの間のいずれかの日	立候補予定者同士が合意してから、告示日前日までの間のいずれかの日
テーマ	主催者が決める。	立候補予定者の意見も聞いた上で運営者が決定
組織の中立性	公開討論会実施代表者に条件を設定 （1）その選挙区の住人であること （2）政治的に公平中立であること （3）約1ヶ月間、ある程度の時間の自由があること （4）人間的に信頼されている人	運営者に条件を設定 （1）委員は、参加する立候補予定者が推薦する者 （2）合議による意思決定であること
運営の中立性	リンカーン・フォーラムの運営マニュアルの遵守	立候補予定者自身が交代でコーディネーターを務める

（資料）筆者作成

（2）公開討論会の課題

▎立候補予定者への参加交渉

　公開討論会を開催する際の最初の課題は、立候補予定者への参加交渉である。参加する立候補予定者がいなければ、公開討論会は成立しないからである。

　今でこそ、新城市では、国政選挙や県議選も含め、選挙のときに公開討論会が開催されるのは当然のことのように思われているが、実は、新城市で初めて討論会が企画されたときには、立候補予定者の参加が得られず開催を断念している。

　過去に開催実績があっても、開催できないこともある。2019年の蒲郡市長選では、公開討論会が告知された後に、立候補予定者の参加辞退により中止となった。

▌討論会は新たなステージへ

　立候補予定者が参加を辞退する理由として、「多忙のためにスケジュール調整ができない」とされることがある。たしかに選挙前で多忙であることは間違いないが、これは表面的な理由で、出演の意義があれば、「多忙」でも出演する。「多忙」の理由の裏には、公開討論会そのものに対する疑念から、辞退するケースの方が多いのではないかと推察される。

　・主催者と特定の立候補予定者との関係が深く、その予定者に有利ではないか。
　・あらゆる市政情報を把握している現職の方が有利ではないか。
　・現行の政策に対して批判がしやすい新人の方が有利ではないか。

　いずれも公開討論会の公正中立性に対する疑念である。

　これまで、公開討論会は全国で3,500回以上開催されているが、上記の理由により、まだ一度も開催されたことのない市町村も数多くある。

　2017年の公開政策討論会は、立候補を表明した予定者自身が討論会の開催を発議し、他の立候補予定者がそれに同意したことで開催が決まった。立候補予定者への出演交渉に、エネルギーを注力することがなかった。つまり、それは、討論会の内実に時間とエネルギーを注ぐことができたということである。

　今回の取り組みにより、市民からの要望・企画に対して、立候補予定者が応諾・出演するという受け身の討論会から、立候補予定者が当事者間で合意し、市民とともに企画・運営するという、新たな形式の可能性が生まれた。討論会が、新たなステージに進んだということである。

▌思想信条が異なる委員による運営

　2017年の新城市方式では、それぞれの立候補予定者から推薦された委員が、

公開政策討論会を企画・運営した。年齢や立場など属性も異なれば、価値観や思想信条も異なる。こうした委員構成で運営する会議は、常にそのことを念頭においておかないと、思わぬところから感情的な対立がおこり、議論が立ち行かなくなることがある。

他方、このような委員構成だからこそ、公正・中立な公開政策討論会であるとも言える。立候補予定者への参加交渉の難しさは先に述べたが、主催を担う団体の中立性もその一因である。実績豊富なJCでさえも、そのOBや現役メンバーが立候補予定者となる場合には、他の予定者から中立性を疑われることがある。まして、討論会のために新たに団体を設立する場合は、中立的であることを証明することから始めなければならない。その時間と労力は、思ったよりもかかる。

▎公正中立性の担保と討論の深化

公開討論会が、公正・中立に運営されることは絶対条件である。しかし、これを意識し過ぎると、主催者から立候補予定者へ突っ込んだ質問や、論点を整理して提示することがやりづらくなり、討論会ではなく主張発表会となる。

かつて、地元紙から公開討論会を「低調な議論で消化不良」と厳しく批評されたことがある。また、近年、人口の多い都市部などでは、公開討論会は成果が乏しいと、参加を辞退する立候補予定者も出てきている。

公正・中立に運営しながら討論を引き出すということは、これまでの新城市長選の公開討論会においても、最大の課題であった。

2017年の公開政策討論会では、その課題に対する1つの解決策が見つかった。それは、まさしく目から鱗的な発想だったが、前述のような、多様な委員構成で議論したからこそ生まれたとも言えるだろう。このことについては、後述する。

図表Ⅱ-2-2　公開討論会に関する新聞記事

（出典）東愛知新聞　2011年（平成23年）3月28日

3.　公開政策討論会の準備

（1）2017年新城市方式

　ここからは、2017年の新城市長選における公開政策討論会の実例を紹介する。

　なお、当初、立候補予定者から推薦された者は、公開政策討論会の企画を担当する「準備会」の位置づけであり、当日の討論会の運営は、別に立ち上げる「実行委員会」に委託する想定だった。

　しかし、準備が直前まで及ぶことや新たな人材や団体の選考が生じることから、現実的には企画と運営を分けるのは難しい。今回も、準備会委員がそのまま実行委員へとスライドした。そのため本稿では、準備会も含め、すべての活

動を実行委員会に統一して記述する。

（2）実行委員の選出

▌実行委員は、どのように選んだらよいか

　委員の選考にあたっては、具体的な基準は特に定めていなかった。他の立候補予定者の承認を条件とする選考方法もあるが、それだと、予定者同士の駆け引きによって委員が決まらないケースが十分に考えられるからである。

　他方、無条件での選考は、委員構成によっては、その後の実行委員会がどのように進むのかがまったく見通せないという心配もある。今回は、立候補予定者３名がともに公開討論会に関する知見を持ち合わせているため、委員選考においてはそのような特段の心配がなかった。ここでは、立候補予定者の討論会に対する理解が重要になる。

▌冷静に全体を俯瞰でき、合意形成が図れる人

　私は、公開討論会の運営経験があることから、実行委員に推薦された。その際に、他に推薦する委員に関して候補者を挙げて欲しいと依頼された。

　私が、委員にいると心強いと考えたのは、公開討論会に関する知識や経験よりも、合意形成に関する資質や経験を有する人だった。

　今回の実行委員会は、元々の政治信条や思想が異なる各立候補予定者から推薦された委員による構成のため、推薦された各委員の考え方や信条も異なることが予測される。そのため大事なのは、常に冷静に全体を俯瞰して見ることができ、小異はあっても合意できる着地点を見出すことができる人がいることである。これによって、会の空中分解を防ぎ、その目的を達成できるからである。

　そんな趣旨で、様々な社会活動の経験がある、私よりも年長者であるお二人にお願いしたところ、快くお引き受けいただいた。

▌立候補予定者の支持者であるとは限らない

　実行委員は、３人の立候補予定者が３名ずつ選び、計９名の構成となった。

　委員の内訳は以下の通りである。新城JCのOBが３名、そのうち公開討論会の運営経験がある者が２名。年代は、60代が２名、50代が４名、40代が３名である。性別は、男性７名、女性２名、職業は、自営又は会社役員が４名、会社員が２名、パート１名、無職２名であった。

　立候補予定者からの推薦ではあるが、その後援会に所属しているわけではない者も３名いた。そのうちの１人は、特定の立候補予定者の応援のためではなく、「公開政策討論会を開催することに意義を感じたから」と参加理由を述べられた。

　はじめは、自分が支持する立候補予定者に、少しでも有利な条件を引き出そうと、腹の探り合いや交渉における綱引きのようなことが起きることを懸念したが、蓋を開けてみれば、ワイワイガヤガヤと実に前向きで和やかな会議となった。それは、各委員が、日頃から地域活動や市民活動に携わっており、そのため、公開政策討論会を単に選挙のためではなく、まちづくりの枠組みの中で捉えていたことが大きかった。

（3）会議の基本事項の整理
▌はじめに討論会の開催目的を共有する
　実行委員会を開くにあたり、最初に公開政策討論会の目的について協議した。「誰のために、何のために開催するのか」を共有しておくことにより、後々、議論が迷走した際にも原点に立ち返って論点を整理することができるからである。

　特に、実行委員が互いに面識のない多様な顔ぶれであるときには、委員の中に立候補予定者の意向を背負って参加している者もいるかもしれない。そこではじめに、公開政策討論会は立候補予定者のためにあるのではなく、市民のためにあるという共通認識をもっておくことが大切である。

▌公開政策討論会は市政への参加権の行使
　今回の開催目的を「市民への選挙における判断材料の提示と市民の選挙及び

市政に関する関心の向上」と掲げた。対象を有権者ではなく市民としたのは、有権者だけでなく、選挙権がない若者や、住所は他自治体であるが新城市内で働き、学び、活動する人も対象としたからである。

　これは、この制度は、有権者の投票率を上げ、投票を促すという選挙権の行使に限定した制度ではなく、新城市に関わるあらゆる人々に市政への関心をもってもらう参加権の行使の一環と捉えたからである。

▌次に会議のルールを決める

　実行委員会の議事進行に関するルールも定めた。JCのような既存の団体であれば、その団体が用いている通常のルールが適用できる。委員の価値観も近く、経験も活かすことができる。

　他方、立候補予定者から推薦された委員で構成する場合は、年齢や立場など各委員の属性も異なれば、価値観や思想信条も異なる。そのため、実行委員会の進行方法に対する意見の食い違いが、公開政策討論会の開催にまで影響してしまわないように、予め会議のルールを決めておく必要がある。

▌合意形成による議決

　実際に、次の３つのルールを定めた。

　１．会議は、各立候補予定者からの推薦者１名以上の参加にて成立すること。

　２．議決は全員の合意により決すること。やむを得ず合意に至らない場合は、立候補予定者から推薦された３名で１票の議決権とし、多数決にて決する。

　３．立候補予定者は、実行委員会での議決に必ず従うものとすること。

　１の成立要件である「推薦者１名以上の参加」は、立候補予定者・推薦人が、関与しないところ、知らないところで、運営方針等が決まることを防ぎ、他方、限られた期間の中で、委員会開催の日程調整ができるようにしたものである。

　２の議決については、実際には多数決は一度もなく、すべての事項が合意の下に決まった。

　だが、全員の合意を得るためには、互いに納得いくまで議論を重ねなければ

ならない。そのため、実行委員会での総協議時間は延べ30時間に及んだ。特に、第3回の委員会では、選挙での争点となる討論テーマが議題であったため、議論は4時間に及び、深夜23時にようやく合意を得ることとなった。

図表Ⅱ-3-1　実行委員会の開催記録

	日にち	会議時間	主な議題
第1回	2017/8/22（火）	19:00〜21:50（170分）	運営ルール（会議成立条件、議決条件、議事録、費用負担　ほか） 討論会（成立条件、スケジュール　ほか）
第2回	2017/8/31（木）	19:00〜22:00（180分）	運営ルール（代理出席の許可、オブザーバー参加の条件　ほか） 討論会（開催目的、会場及び日程、広報、運営者　ほか）
第3回	2017/9/8（金）	19:00〜23:00（240分）	討論会（会場及び日程、広報、運営体制、費用、討論テーマ　ほか） 演説会（会場及び日程、候補者の意向確認　ほか）
第4回	2017/9/15（金）	19:00〜22:30（210分）	討論会（広報、討論形式、討論のルール、運営体制　ほか） 演説会（会場及び日程、目的、広報　ほか）
第5回	2017/9/20（水）	19:00〜22:30（210分）	討論会（情報共有資料、政策シート、役割分担、動画配信　ほか） 演説会（会場、次第、広報、運営体制　ほか）
第6回	2017/9/27（水）	19:00〜22:00（180分）	討論会（自己紹介時の質問、情報共有資料、備品リスト　ほか） 演説会の件（広報、役割分担　ほか）
第7回	2017/10/5（木）	18:00〜18:30（30分）	討論会（進行内容説明、役割分担、注意事項　ほか）
第8回	2017/10/5（木）	21:30〜23:30（120分）	討論会（作手会場の反省、鳳来会場・新城会場の構成　ほか） 演説会（広報、役割分担、備品確認　ほか）
第9回	2017/10/12（木）	22:00〜00:20（140分）	討論会（鳳来会場の反省、新城会場の構成、費用概算見込み　ほか） 演説会（討論形式、動画配信、費用負担、役割分担　ほか）
第10回	2017/10/19（木）	21:30〜00:00（150分）	討論会（新城会場の反省、全3回を通しての反省） 演説会（警報発令時の開催判断、討論形式の変更　ほか）
第11回	2017/11/1（水）	19:00〜20:00（60分）	報告書（ふりかえり、全体を通じた改善点、報告書の取り扱い）

（資料）新城市長選挙2017公開政策討論会実行委員会

▌実行委員会は公開か非公開か？

　非公開とした。特段、政治的な理由があったわけではなく、委員の１人が家族から、「委員となっていることを知られたくない」と頼まれたからである。

　人口の少ない地方の市町村においては、選挙に関わることで日常の人間関係や生活に影響を及ぼしたくないという声はよくある。どうしても公開すべきだという意見も特段なかったため、非公開となった。

　非公開のメリットは周囲を気にせずに、自分の意見が述べられることにある。

　2017年の市長選は、８年前の市長選と同じ顔触れであった。この間には、新庁舎建設を巡る住民投票や市長リコール運動も起きた。委員の中には、その際に相対する関係にあった者もいた。だが、実行委員会においては、過去のそうしたいきさつを蒸し返すことはなかった。非常に理性的な議論ができたのは、非公開であったことも大きな要因であったと思う。

　公開のメリットは、準備段階から討論会や選挙に対する関心を高めることができることである。他方、公開の議論になれていない場合は、建前論やあるべき論に終始してしまうおそれもある。

　状況に応じて、公開、非公開の決定をしていけば、よいであろう。

▌議事録はしっかり作ろう

　公開または非公開のいずれにしても重要なのは、議事録の作成である。短期間で準備を進めるため、迅速な議事録の作成と共有が必要となる。今回のように、立候補予定者からの推薦委員の場合、必ずしも議事録作成が得意な委員がいるとも限らず、またそれを担う委員の負担も大きいものとなる。

　今回は、私が議決事項と継続協議事項を記した簡易な議事メモを作成し、委員と立候補予定者で共有したが、第三者が目にした際に、つぶさに理解できる資料ではなかった。そこまでとても手が回らなかったというのが実情であるが、情報共有や情報公開のための議事録の作成については、議事録作成要員の確保など、今後も検討していく必要がある。

▌費用は誰が負担するか？

　各委員は無報酬であり、会議資料は事前にメールで送信したものを、自分でプリントアウトするかタブレットやスマホを用いて対応した。会議室も安価な施設を利用したため、多額の費用が発生したわけではない。それでも、その費用は誰かが負担しなければいけない。

　今回は、３人の立候補予定者が案分してそれを負担したが、立候補予定者に金銭的な負担を課すことは、公平な選挙のあり方としては、考え直す必要も感じている。公共施設や民間施設の無償提供など、費用負担の改善策は、大きな課題と言える。

4.　企画の立案

（1）企画のポイント

　公開政策討論会の企画には、大きく分けて３つのポイントがある。

1．開催の概要。開催回数、開催日時、開催場所、討論するテーマなど、大枠について決める。

2．討論の方法。後述するが、討論にはいくつかの形式がある。その形式に基づいて各立候補予定者の発言の順序や発言回数、１回の発言時間など、発言のルールについて決める。

3．運営管理。当日までのスケジューリングや広報手段、収支予算、役割分担、緊急時の対応などマネジメントについて決める。

（2）開催回数

▌市民への配慮と立候補予定者への配慮

　当初、開催回数については各立候補予定者の考え方には、相当の隔たりがあった。ある予定者は市内の地域自治区毎に計10回の開催を提案し、他の予定者はこれまでと同様の１回のみを希望した。

　公開政策討論会の開催回数に対する考え方の違いは、政治活動スタイルの違

いから生じることもある。

　例えば、特定の組織を持たない予定者は、より多くの人に知ってもらえるような機会は多い方がよいと考え、各地域に組織がしっかり根付いており、その組織を中心に一人ひとりと出会える戦いを展開したい場合には、そこにかける時間が必要となる。

　仮に、どちらかの意見を尊重してしまえば公正中立性に疑念が生じ、公開政策討論会は成り立たなくなる。そのため主催者としての明確な判断基準が必要となる。ここではじめに定めた開催目的に立ち返り、「市民のためにはどうあるべきか」について検討することになる。

▍合併前の市町村区で計3回

　立候補予定者の政策を市民が知る機会は多い方が望ましいが、公開政策討論会のみが、各立候補予定者の政策を知る唯一の機会ではない。その機会は、もっと多様で自由である方が望ましい。

　そうした議論の末、旧合併前の市町村区で1回ずつの計3回、開催することとなった。理由は、新城市は総面積が約500㎢あり、夜間に周辺部の高齢者が市の中心部まで足を運ぶには困難が伴うからである。インターネットを活用し、いつでもどこでも視聴できる対策も講じたが、その使い方が分からない高齢者が多いのも実情である。

　また、常日頃から中心部での会議や行事が多く、周辺部は疎外感を感じると言われる方もいた。市域の広大さという物理的な障壁が、そこに暮らす方の市政や選挙に対する精神的な障壁にならないようにと考えた結果である。

（3）開催日時と会場

▍会場の収容人数の考え方

　2003年に新城市で初めて公開討論会を開催した際には、400名定員の市文化会館の小ホールから人が溢れた。市町村合併直後の2回目には、1,300名の大ホールに会場を移し、約700名が来場した。

　人口規模が大きかったり、大きな収容施設がなかったりする場合に、屋外施設が会場候補となることがある。実際に開催された事例もあるが、開放的な空間のため立候補予定者も来場者も落ち着かず、人の出入りや通行の制限ができないため、集中力を保つのが難しいとの報告がある。そのため、費用面も考えると、文化会館や公会堂など公共施設で開催するケースが多い。

　会場の最適な規模を想定することは難しく、入れない人が出るよりは良いかと大きめの会場を用意すると、来場者が少ない場合に盛り上がりに欠けることになる。単に人口規模だけでなく、投票率や選挙の争点等から判断し、最適な規模を想定するしかない。

▌最近の公開討論会の傾向

　最近は、大きな会場に人を集めるのではなく、インターネットにて、いつでもどこでも誰でも視聴できるやり方で開催するケースが増えている。スタジオで収録し、ネット配信のみを行う討論会もある。働き方の多様化や生活習慣の変化により、今後、ネットの活用はより広がっていくであろう。都市住民や若者に対しては、さらに効果的な方法を開発していくことも必要である。

　他方、会場で聴くことに価値があるとの声もある。確かに、緊張感の漂う会場に身をおくと、目の前の討論に集中しやすい。中には、立候補予定者が話しているときに、他の立候補予定者がどのような姿勢や態度でいるかに注視し、そこからみえるその人の人間性を判断材料にするという方もいる。これらは、ネット配信では伝わりにくい部分である。

　会場とネットのどちらが勝っているかというより、地域性や状況に応じて使い分けたり併用したりすることが望ましい。

▌会場とネットのハイブリッド方式

　今回の会場は、いずれも公共施設のホール又は会議室を使用した。各会場の収容人数は、作手会場が210名、鳳来会場が250名、新城会場が401名であった。

　これまでの討論会の来場者数が約700名であったのに対して、収容人数が少

ないが、各地区の施設状況と計3回の討論会を開催することを考慮して判断した。結果、それぞれ70～90％の来場者数であり、ほぼ見込み通りとなったが、会場に入れない人が出ることも想定して準備していたため、やや残念な気持ちもあった。

　他方、すべての会場で、地元ケーブルテレビによる放映とYouTubeでの配信を行ったが、最初の作手会場では、来場者数150名に対し、YouTubeの再生回数は760回であった。会場が、市の中心部から車で30分かかることや、動画配信がSNSで広く拡散されたためではないかと推察する。

　しかしながら、鳳来会場、新城会場と来場者数は伸びたが、動画の再生回数は伸びなかった。ネットの併用の仕方については、今後も検討が必要である。

図表Ⅱ-4-1　各会場の来場者数と動画再生回数

（※動画再生回数は2017年11月1日時点の数値）

会場	開催日	会場名	収容人数	来場者数	再生回数
作手会場	2017年10月5日（木）	つくで交流館　ホール	210名	150名	760回
鳳来会場	2017年10月12日（木）	新城開発センター大会議室	250名	222名	491回
新城会場	2017年10月19日（木）	新城文化会館　小ホール	401名	305名	324回

（資料）新城市長選挙2017公開政策討論会実行委員会

（4）討論テーマ

▎テーマ決めは主催者の学びにもなる

　テーマ決めは、毎回、検討に最も時間を要する議題である。来場者の集中力も考慮すると、開催時間は概ね2時間程度が理想である。その時間内だと、質問事項は多くて4～5問程度となる。テーマ決めは、そのときの市政課題や政治的争点、市民の関心度など、総合的に判断して決めなければならない。

　そのためには、市の現況に関する情報収集や、各立候補予定者の主張や重点政策の把握が必要である。市政課題に対し異なる政策を主張している場合には、討論会で取り上げることで、その違いが明確となり、より実効性が高い政策を見極めることができる。

　市民から直接、質問を受け付けるやり方もある。事前アンケートや、当日に会場から直接質問を受け付ける方式などである。市民ニーズに応えるという点では有効だが、個人的な関心事や、質問ではなく意見や主張であることが多い。取り上げ方が難しく、取り上げないとクレームがくることもあるため、慎重に検討した方が良い。

　テーマ決めは、非常に時間も労力もかかり、神経も使う。だが、各委員にとって、最も大きな学びの機会となることは間違いない。

▌過去の市長選の討論テーマ

　新城市は2003年以降、「市町村合併」をはじめ「市民病院の存続」や「新庁舎建設」など市民の関心が高い市政課題があったため、それらがメインテーマとなっていた。

　「市民参加の促進」や「新東名ICの活用」などは、当時、各立候補予定者が重要政策として掲げていたことからテーマに選定したが、それが、現在の市政の重点施策に結びついていることが分かる。

図表Ⅱ-4-2　過去の新城市長選の討論テーマ

開催年度	テーマ
2003年	「市町村合併」「教育政策」「経済政策」「福祉政策」「民意の反映」
2005年	「地域ビジョン」「すぐに行う政策」「４年間で行う政策」「行財政改革」「フリー」
2009年	「合併後４年間の総括」「地域医療の再生と市民病院問題」「市民の声の反映と市民参加の促進」「フリー」
2013年	「新庁舎建設計画」「若者が元気なまち」「新東名IC開通を活かしたまちづくり」「フリー」

（資料）筆者作成

▌立候補予定者の意向の確認

　今回は、討論会を３回開催するため、会場ごとにテーマを変えた。１つのテーマを３回繰り返して、討論を深めていくやり方もあるが、市政課題をより多く取り上げることで、総合的な判断ができるようにした。

　今回は、テーマ決めにあたり、主催者が一方的に決めるのではなく、立候補予定者の意見も聞いた。

　「現状または今後の新城市の課題」を３点ずつ挙げてもらったが、漠然とした問いかけであったため、回答がバラバラとなり、かえってテーマを絞るのが難しくなってしまった。

「解決したい課題とそれを解決するための具体的な政策」など、課題と政策をセットにして聞いた方が争点を見い出しやすかった。

図表Ⅱ-4-3　質問：貴殿が考える、現状または今後の新城市の課題を３点ご提示下さい。

回答	1	2	3
A氏	この４年間の市政の総括	産廃問題の解決に向けて	街づくりのビジョンについて
B氏	新城市の問題点の明確化	問題点の解決方法	
C氏	人口政策	産業政策	地域政策

（資料）新城市長選挙2017公開政策討論会実行委員会

　上記回答を参考に、各立候補予定者の政策リーフレットやホームページを見比べながら、テーマを絞り込んだ。

　これまでとの違いは、各立候補予定者に近い関係の実行委員がいることである。そのため、文面から読み取れない点などは、関係が近い委員に解説を加えてもらうことで、テーマの調整がスムーズに進んだ。

　結果、テーマは「人口政策」「産業政策」「市民自治政策」の３点となった。B氏の「問題点の明確化と解決方法」は、この３つのテーマにおいて、それぞれ提示してもらうこととし、A氏の「４年間の市政の総括」は、討論会冒頭に、司会者が各テーマに関する現状報告を行うことで総括に代えることとした。

　なお、最終的には、上記の表現では硬いとの指摘があり、以下に改めた。

　1．作手会場　テーマ「どうなる人口？（人口政策）」

　2．鳳来会場　テーマ「かせぐまち（産業政策）」

　3．新城会場　テーマ「みんなでつくるまち（市民自治政策）」

▍プレスリリースは効果が高い

　開催日時と場所及び討論テーマが決まれば、次はプレスリリース（記者発表）である。公開政策討論会は限られた期間での広報となるため、新聞記事は情報発信の手段として非常に有効である。

　今回は、立候補予定者の発議から始まった全国的にも珍しい討論会であり、ニューズバリューも高いため、３人の立候補予定者にも記者発表に同席してもらった。結果、各紙に大きく掲載された。

　なお、今回は正式な事務局がなかったため、記事に対する問い合わせ先が委員個人の連絡先となってしまった。託児の事前予約もあったため、問い合わせ専用の電話番号やメールアドレスを準備しておくべきであった。

図表Ⅱ-4-4　公開政策討論会の開催に関する新聞記事

立候補３者が意気込みを語った（新城文化会館で）

新城市長選

市民の関心を高める

公開政策討論会の概要発表

　新城市長選挙2017公開政策討論会（同実行委主催）の概要発表会見は14日、新城文化会館で行われ、すでに立候補を正式表明している白井倫啓氏と穂積亮次氏、山本拓哉氏の３者がそれぞれ意気込みを語った。

　市長選は10月22日告示、同29日開票──で実施。全3回開催される討論会では、参加者らが建設的な政策議論を交わし、市民の選挙戦への関心を高め、熟議熟考の場を作って市政活性化を図る。

　討論会は、各会場ともに入場無料で、同市内の課題を考える。

　第1回は、10月5日午後7時から同市つくで交流館ホールで、テーマ「どうなる人口？（人口政策）」を討論する。

　第2回は同12日午後7時から同市開発センターで「かせぐまち（産業政策）」をテーマに議論。第3回は同19日午後7時から新城文化会館小ホールで「みんなでつくるまち（市民自治政策）」について話し合う。

　白井氏は「新城に新しい市民自治の流れを作りたい。市民が政策を語る原動力にしたい」とし、新しい市民自治のあり方に疑念を持っていた。討論会をきっかけに広く市民へ政策を訴え、

　穂積氏は「選挙戦

　新しい市政運営を前進させたい」と述べた。山本氏は「新城に希望が抱ける政策を市民へ分かりやすく伝えたい」と語った。

（原田直樹）

（出典）東日新聞　2017年（平成29年）９月15日

（5）討論形式とコーディネーター

理想の討論形式の模索

　討論形式も、検討に時間を要する議題である。2000年代初頭に、各地で公開討論会が開催され始めた頃は、一問一答形式がよく用いられていた。新城市長選も、初めは一問一答形式で開催したが、回を重ねるごとに、立候補予定者同士の討論を期待する声が寄せられるようになった。そこで、討論形式に新しい工夫を加えてきた。

図表Ⅱ-4-5　新城市長選における討論形式

開催年度	出演者	討論形式	コーディネーター
2003年	2名	「一問一答＋反論形式」 ＋「○×形式」	リンカーン・フォーラム　幹事
2005年	3名	「一問一答＋反論形式」 ＋「○×形式」 ＋「ディベート形式」	新城青年会議所　会員
2009年	3名	「一問一答＋反論形式」 ＋「○×形式」 ＋「ディベート形式」	新城青年会議所　会員
2013年	2名	「フリーディスカッション形式」	新城青年会議所　会員
2017年	3名	「フォワード形式」	立候補予定者が交代で務める

（資料）筆者作成

主な討論形式の概要

　主な討論形式には次のようなものがある。なお、以下に掲げる討論形式は、（一社）公開討論会支援リンカーン・フォーラムが提唱している形式を基に、筆者が考える一般的な進行方法、利点、課題、改善方法をまとめたものである。

図表Ⅱ-4-6　討論形式の概要

①　「一問一答＋反論形式」

進行	・質問項目ごとに各立候補予定者（以下予定者）が一定時間内（3分程度）で自身の政策を述べる ・回答が一巡した後、再度、順に一定時間内（2分程度）で補足説明や他者への反論を行う

利点	・初めて討論会を開催する場合でも扱いやすい ・予定者の発言機会の公平性が保たれる
課題	・自身の主張に終始しがちで、予定者同士の討論が生まれにくい
改善	・補足や反論の機会を増やし、予定者同士の政策の違いをより明らかにする ・補足や反論の際に、コーディネーターが論点を絞り、次の予定者に発言を促す

② 「ディベート形式」

進行	・ある予定者が他の予定者へ質問できる時間の枠を定める（10分程度） ・他の予定者を指名して質問（2分程度）し、指名された者は回答する（1分程度） ・時間内で、回答への反論や他の予定者への質疑応答を繰り返す ・時間が終了したら、他の予定者と質疑応答の役を入れ替わる
利点	・質問を繰り返すことで討論が深まりやすい ・突発的な質問への対応力が示される
課題	・政策とは関係のない質疑応答が繰り返されることがある ・3人以上の予定者がいる場合、特定の予定者に質問が集中し、発言機会の公平性を欠く恐れがある
改善	・政策的な討論から逸脱した際に、コーディネーターが注意する

③ 「フリーディスカッション形式」

進行	・1つのテーマに関し、各予定者が自身の政策を述べる（3分程度） ・そのテーマにおける自由討論の全体枠を設ける（10〜15分程度） ・発言を希望する予定者は挙手をし、一定時間内（1分程度）に述べる ・テーマによっては、まったく発言をしないという選択もある ・1人の発言回数の上限を定める場合もある（例：1人10回まで）
利点	・各予定者の得意な政策分野が分かる ・各予定者の政策の違いが分かる
課題	・お互いの主張を繰り返すのみで、討論にならないことがある
改善	・コーディネーターが論点を絞り、次の発言を促す

④ 「フォワード形式」

進行	・質問及び発言順はコーディネーターに一任し、コーディネーター主導で討論を進める ・立候補予定者は自分が用意した発言ではなく、前の人の発言に続いて意見を述べる
利点	・来場者がイメージする討論の形に近い

課題	・コーディネーターに非常に高いスキルが求められるため、人選が難しい
改善	・コーディネーターを立候補予定者が交代で務める（2017年新城市方式）

⑤「○×形式」

進行	・質問（10問程度）に対し、予定者は○×の二択で答える ・質問終了後、特に補足が必要な選択に対し一定時間内で説明する（2分程度）
利点	・予定者の考え方の違いが一目で分かる ・多くの分野に関する質問を扱える
課題	・単純に二択で回答できない質問の場合、誤解を招きやすい。（○×両方を掲示するなど）
改善	・他の討論形式と組み合わせて使用し、政策論争の導入部とする

（資料）筆者作成

　それぞれの形式には一長一短があり、どの形式を用いるかは、そのときの立候補予定者の数や選挙の争点などによって異なる。また、どの形式においても、討論を促すにはコーディネーターの力量が問われることとなる。特に、④フォワード型にはかなり高いスキルが求められるが、そこに新たな改善を加えたのが、今回の新城市方式である。

┃ コーディネーターの役割と選考

　コーディネーターの選考にあたっては、以下の方法が考えられる。

　１．主催団体の構成員の中から選出

　２．近隣の開催実績のある団体からの派遣

　３．リンカーン・フォーラムなど討論会の専門機関からの派遣

　４．大学教授など政治学を専門とする有識者への依頼

　５．アナウンサーなど進行に関する専門職への依頼

　６．テーマに関する有識者への依頼（例：経済政策─商工会議所役員等）

　過去の新城市長選においては、第１回目のみ、開催実績のある団体からコーディネーターを派遣してもらったが、２回目以降は、主催者である新城JCのメンバーが務めてきた。

　コーディネーターに求められる役割は討論形式によって異なる。一問一答形式やディベート形式は、立候補予定者の発言時間や発言順のチェックなど、進行管理がメインとなるため、落ち着いて進めることができれば、特別な能力を必要とするわけではない。

　ただし、立候補予定者同士の討論を引き出そうとすると、コーディネーターに知識と技術が求められる。各立候補予定者の発言を整理し、論点を示して次の発言を促すためには、そのまちの現況や各予定者の政策の把握が必要だ。そのため、望ましいのは、地域をよく知るその地域の人がコーディネーターを務めることである。

　しかし、地元であるが故に、公正・中立を意識し過ぎて、論点整理や追及がしにくい。これまでの討論会は、それを討論形式の工夫によって乗り越えようとしてきたが、意図した展開にはなりにくかった。

▌コーディネーターを立候補予定者自身が交代で務める

　今回も、コーディネーターの選考が大きな課題であった。いかに市政に明るくニュートラルな立場の人がいても、公正・中立であるか否かは、本人が判断するものではなく、受け取る側の問題である。そのため、人選は思うように進まなかった。

　そこで、まったく新たな発想で、これまでのように第三者がコーディネーターを務めるのではなく、立候補予定者が交代でコーディネーターを務めるという、おそらく全国でも初めての方式に挑戦することになった。

　この方式の具体的な進行ルールは、以下の通りである。

・コーディネーターは、各立候補予定者が交代で務めること
・コーディネーターを務める時間は、1回につき25分間とすること
・コーディネーターは初めに自ら論点を示し、他の予定者にそれに関する質問をすること
・他の予定者は、コーディネーターからの指名、または挙手をして指名された後に回答すること

- 回答時間は、1回につき2分以内を目安とすること
- 2分経過しても回答が終了しないときは、コーディネーターの判断で制止してもよいこと
- 25分間が経過したら、司会の合図により、コーディネーターを交代すること

　コーディネーターの発言時間には、制約を設けなかった。仮に、自分ばかり話し続けるコーディネーターがいたとしても、それも来場者が各立候補予定者の資質を判断する材料と考えた。

　また、これまでの公開討論会では、必ずタイムキーパーを配置し発言時間を厳格に管理してきたが、今回はデジタル時計を会場前方に設置し、発言時間の目安にするのみとした。各予定者が、発言時間を守るか守らないかも、判断材料のひとつと考えたからである。

　この方式によって、各立候補予定者の進行手順や論点整理において、政策立案やスピーチ力以外の能力や資質を知る機会になることを期待した。

（6）討論がおもしろくなる仕掛け

▎公開政策討論会はショーではない

　公開討論会は、初めこそ「こういう機会を待っていた」と多くの方に好意的に受け止められたが、最近は「おもしろくない」という声も寄せられる。その理由は、「主張ばかりで討論になっていないから」というものだ。中にはTV番組のように、ケンカ腰の激しいやりとりを期待される方もいる。このニーズに対して、どのように対応すべきだろうか。

　実行委員会では原点に立ち返り、「なぜ討論会を開催するか」について考えた。

　目的は「市民への選挙における判断材料の提示と市民の選挙並びに市政に関する関心の向上」である。確かに、より多くの市民に興味をもってもらうには、盛り上げ方の工夫が必要かもしれない。しかし、市民自らも当事者として参加権を行使していただくためには、演出的な見た目のおもしろさではなく、市政

の現状や政策の違いが分かる本質的なおもしろさを提供したいと考えた。

　「市民はプロではない」、ある委員からの指摘である。市民は仕事や家庭で忙しく、市政についてなんでも知っているわけではない。だが、立候補予定者の政策は専門的なことも多く、テーマや論点の背景が分からないと内容を把握することが難しくなる。

　これは、主催者も気をつけなければならない点である。主催者は、公開政策討論会を企画するにあたり、事前に市政や立候補予定者の政策について一生懸命に学ぶ。それがかえって、市民の目線や感覚から離れてしまい、自分達自身が専門的になってしまうことが起きるためである。

▌公開政策討論会で引き出したいポイント

　公開政策討論会で引き出したいポイントは３つある。

　１．政策

　２．政策の実現性

　３．候補者の人となり

　公開政策討論会の一番の目的は、各立候補予定者の１．政策を知ることにあるが、実際にその政策が実現可能なものかの判断は、市民にとってはなかなか分かりづらい。そこで、各立候補予定者が互いの政策に関して具体的に質疑応答することで、２．政策の実現性が判断しやすくなる。

　また、各立候補予定者が掲げる政策は、あくまで予定者が描く計画である。しかし、市政はすべてが計画通りに進むわけではなく、突発的に発生する事態にも対応しなければならないし、むしろ実際にはその方が多い。その際に、市長としてどのような行動をとるかは、その人の人格や資質による部分が大きい。そこで、３．候補者の人となりも、討論会において十分に引き出したいポイントである。

▌政策を分かりやすくする工夫　（１）政策シート

　今回は、立候補予定者の考えや具体的政策を記した政策シートを準備した。

各予定者の討論テーマに対する考えや政策のポイントを把握するのと、討論中に聞きなれない用語があった際に、文字で見ることによって分かりやすくするためである。

　政策シートは、実行委員会で作成したフォーマット（A4用紙1枚）に記載してもらい、会場にて配布した。記載条件は、公正中立性に配慮するとともに公職選挙法に抵触しないよう、以下の通りとした。

　　・既定のフォーマット（Word形式）を用いて作成すること
　　・文字のポイント数は原則12ポイントとすること
　　・記入は文字情報のみとし、イラストや写真、統計グラフ等は用いないこと
　　・1ページを超えないこと
　　・原文のまま記載するため、公職選挙法に抵触しない表記とすること

　締切は公開政策討論会の3日前の午後5時までとした。文字のみとしたのは、専門スタッフや外注する資金の有無など、組織力の違いによってビジュアルに差が生じることを防ぐためである。

　なお、政策を限られた紙面にまとめるだけでも労力と時間がかかり、政策の背景となる現状分析までは、紙面条件もあってとても書き込めない。

　そのため、次に掲げるように、市政の現状分析は司会者が別途行うこととした。

図表Ⅱ-4-7　政策シートの実例

新城市長選挙立候補予定者　政策シート「人口政策」

■立候補予定者名
穂積亮次

■新城市の人口政策に関するご自身のお考えや具体的政策をご記入ください。

・新城市の人口問題の中心は、２０代を中心とする若者世代の転出が転入を大きく上回っていることと、出生率が県平均を下回っていることです。
・市では４年前から「新城版・こども園」として幼稚園と保育園の違いをなくし、３歳以上児は保護者の就労状況にかかわらず誰でもが入園できる制度をつくりました。基本保育料も県下最低レベルに下げました。現在０歳～９歳では転入が転出を上回るようになっていますが、今後は基本保育料を無料にするとともに、保育の質の向上や、子育て世代を産前期から継続的・包括的に支援するセンターを開設するなどの施策を実行します。
・出会いの機会が少ない若者たちのために「婚活」を支援する事業を始めていますが、この輪をさらに広げるとともに、若者世帯の住宅取得を補助する制度を創設します。
・新城市で始めた「若者議会」が大きな反響を呼び起こしています。若者に活躍の出番をつくることで、若者が地域に愛着を持ち、新城のために行動する機会が拡大します。若者議会卒業生のなかから積極的に地元企業に就職したり、市議会議員にチャレンジしたりする動きが生まれています。若者議会をさらに充実させ、日本のスタンダードにすることで、新城の若者が自信と誇りを手にします。
・新東名高速道路の開通は、新城に更なる企業進出や産業振興のチャンスをもたらしています。それを最大限に生かして、働く場（雇用）を新たに創出します。今後１０年間で３,０００人、最初の４年間で１,０００人を目標にします。これによって就業者の市外通勤数（約８,０００人）と市外から市内への通勤数（約５,０００人）の差が埋まります。新規就農増も含め、市内に新しい所得機会をつくることで転出の抑制、転入の促進にもつながります。
・新城市の人口政策の目標は、２０３０年までに社会的移動の多い４５歳未満の世代全体で、転出と転入を均衡させることに置いています。第４次産業革命と言われるほどに産業構造が大転換を遂げる時代です。人口を囲い込んだり、奪い合ったりするに等しい政策は、必ず破たんします。移動を活発化し、交流人口を増やし、世界にはばたく人材を育てるまちが、人口の元になる活力を生み出します。
・さらに根本的には、超高齢化社会を豊かに支える仕組みが不可欠です。「人生１００年時代」も間近になっている今、超高齢化社会が若者・現役世代の負担増だけで支えられることになれば、少子化・出生率の低下は加速せざるをえません。シニアパワーが、まちづくりや助け合い活動や所得拡大に活かされる仕組みがつくられ、若者世代の負担を増やさない長寿社会が築かれれば、若者世代も安心と希望をもってこどもを産み、育てていくことができます。その仕組みづくりに入るために「新城版・賢人会議」を創設します。

（資料）新城市長選挙2017公開政策討論会実行委員会

▍政策を分かりやすくする工夫　（２）基礎データの情報提供

　討論テーマに関する現状分析は、私見が介在しないよう、一般に公開されている客観的なデータを用いて、司会者が説明した。

　具体的に使用した主な資料は、以下の通りである。

図表Ⅱ-4-8　実際に使用した基礎データ

1．作手会場　テーマ「どうなる人口？（人口政策）」

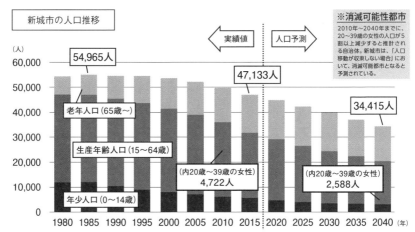

※出典：実績値（1980-2010）新城市人口ビジョン　　（2015）国勢調査 人口予測（2020-2040）国立社会保障・人口問題研究所

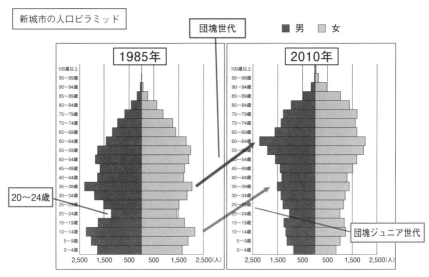

※出典：新城市人口ビジョン

自然増減の分析1　合計特殊出生率の比較（新城市・愛知県）

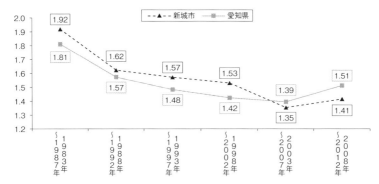

※出典：新城市人口ビジョン

新城市の人口動態

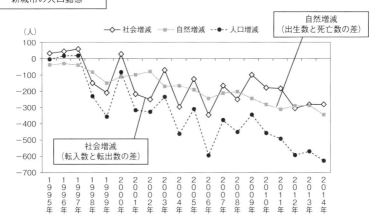

※出典：新城市人口ビジョン

2. 鳳来会場　テーマ「かせぐまち（産業政策）」

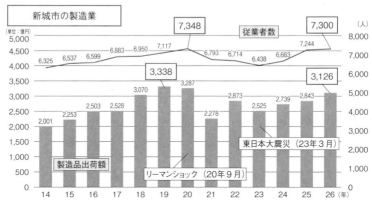

新城市の製造業

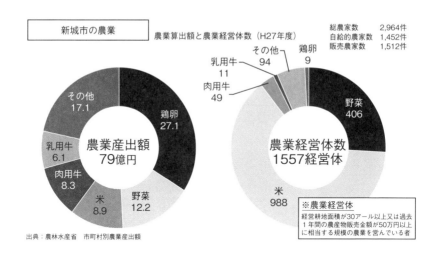

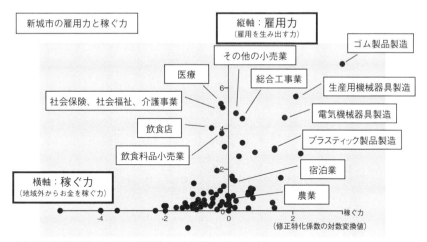

出典：総務省統計局「地域の産業・雇用創造チャート（経済センサス2014）」

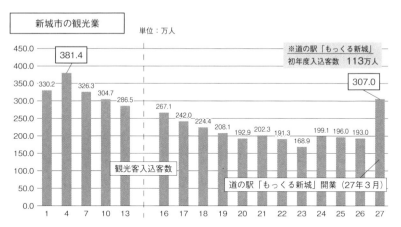

※出典：新城市観光基本計画アクションプラン

3．新城会場　テーマ「みんなでつくるまち（市民自治政策）」

市民自治とは？

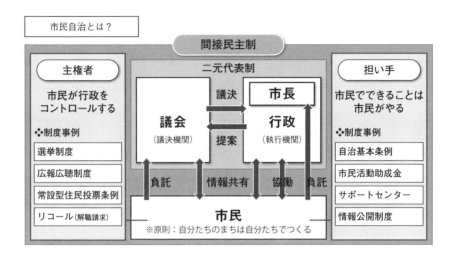

市民自治の背景（1）

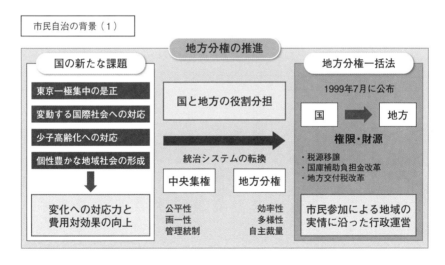

市民自治の背景（2）

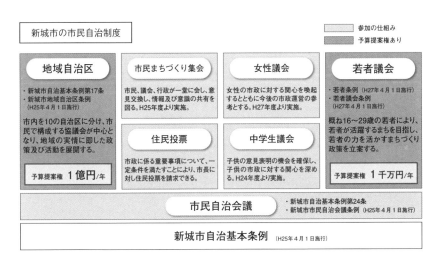

地域の自立

地方の新たな課題

県や国からの指示に
頼らない行政運営

地方交付税や補助金に
頼らない財政運営

↓

自ら考え自ら決める
真の地方自治の実現

地方自治

団体自治
地方公共団体が、自主的に地方の行政を担当する機能を有すること。

平成の大合併
【市町村数】
3232（1999年3月31日）
1718（2016年10月10日）

住民自治
その地方の行政が、その地方の住民の意思と責任に基づいて処理されること。

自治基本条例
【条例制定自治体数】
1（2001年4月1日）
365（2017年4月1日）

新城市の市民自治制度

凡例：参加の仕組み／予算提案権あり

地域自治区
・新城市自治基本条例第17条
・新城市地域自治区条例（H25年4月1日施行）
市内を10の自治区に分け、市民で構成する協議会が中心となり、地域の実情に即した政策及び活動を展開する。
予算提案権 1億円/年

市民まちづくり集会
市民、議会、行政が一堂に会し、意見交換し、情報及び意識の共有を図る。H25年度より実施。

住民投票
市政に係る重要事項について、一定条件を満たすことにより、市長に対し住民投票を請求できる。

女性議会
女性の市政に対する関心を喚起するとともに今後の市政運営の参考とする。H27年度より実施。

中学生議会
子供の意見表明の機会を確保し、子供の市政に対する関心を深める。H24年度より実施。

若者議会
・若者条例（H27年4月1日施行）
・若者議会条例（H27年4月1日施行）
概ね16〜29歳の若者により、若者が活躍するまちを目指し、若者の力を活かすまちづくり政策を立案する。
予算提案権 1千万円/年

市民自治会議
・新城市自治基本条例第24条
・新城市市民自治会議条例（H25年4月1日施行）

新城市自治基本条例 （H25年4月1日施行）

（資料）新城市長選挙2017公開政策討論会実行委員会

人口や産業に関しては各種の統計があるが、市民自治政策に関しては統計的な指標は少なく、政策には政治的な信条も伴う。また、市民自治政策は現職市長が推進しており、説明の仕方によっては、良くも悪くも現状に対する評価と受け止められる懸念があった。

そこで、昨今の一般的な市民自治政策の考え方を説明し、市の現行制度については、既存の市民参加の仕組みを図式化し、概要を説明するのみに留めた。

政策を分かりやすくする工夫　（3）次回テーマに対する事前質問の受付

市民の視点や感覚を、討論会にどのように反映するかという点については、常に課題であった。

今回は、公開政策討論会が３回開催できるため、会場でアンケートを配布し、次の会場での討論テーマに関する質問を募集した。それを、次のテーマにおける「基礎データの情報提供」の参考にするとともに、その中から当日の論点と関係のある質問を抜粋して紹介した。

図表Ⅱ-4-9　次回の討論テーマに対する質問フォーマット

■次回テーマに対する質問

次の会場のテーマに関して各立候補予定者に質問したいことがありましたら、ご記入ください。

・第２回（鳳来会場）　テーマ：かせぐまち（産業政策）

・第３回（新城会場）　テーマ：みんなでつくるまち（市民自治政策）

◎一言で言う"稼ぐ町"というテーマだが、1つしぼるのであれば何の産業で稼ぐ町にしたいのか。

◎"みんなで作る町"と言っても、人口が少なくなっているとは言え興味がある人しか結局参加しないのが現状な中で、まずどの世代から呼びかけていくのか。ターゲットなどいるのか？

◎稼ぐ町とテーマだが、新しい産業に重きを置くのか、元あるものに重きを置いて稼ごうと考えていくのか？

【行政区】　　　区　【性別】男・女　【年齢】34　歳　【職業】工場

図表Ⅱ-4-10　市民からの質問の紹介事例

| 市民からの質問 | 第1回公開政策討論会　会場アンケートからの質問例 |

稼ぐ仕掛けは？　行政だけの仕掛けでは限界がある。
「民」の力を動かすために何が必要か？
（鳥原区・男・44歳）

何の産業でかせぐまちにするのか？
新しい産業に重きをおくか、元々あるものに重きをおくか？
（女・34歳・工場）

新東名開通により企業誘致はしやすくなったと思うが、
二次産業についての考え、今までの政策との違いは？
（東新町区・男・21歳・学生）

（資料）新城市長選挙2017公開政策討論会実行委員会

▌人となりを分かりやすくする工夫──質問形式型自己紹介

　一般的に、核心をつかれたり、議論が白熱してくると、その人の人間性が垣間見られることがある。表情や言葉使い、仕草に現れやすい。だが、市長選の立候補予定者ともなれば、人格、資質においても優れた方が多く、感情を露わにすることはめったにない。

　そこで、立候補予定者の「人となり」を知る方法として、質問形式型の自己紹介を行った。

　やり方は以下の通りである。

・正解があるわけではない、その人の性格や価値観が感じられる質問を3つ用意する

・3つの質問から回答を聞きたい質問を、会場からの拍手で1つに絞る

・制限時間1人3分間で、拍手で決まった質問への回答も含めて自己紹介を行う

上記のルールに基づき、各会場で選ばれた質問は以下の3つであった。

1．作手会場「あなたの長所と短所について教えて下さい」

2．鳳来会場「新城JCメンバーが現在5名しかいないことについての感想を

お願いします」

3．新城会場「あなたは嫌いな人に対してどのような態度をとりますか？」

図表Ⅱ-4-11　来場者に提示した3つの質問（新城会場）

2．自己紹介

下記の3つの質問の中から1つを、会場の皆様に選んでいただきます。

Q1.母親との印象深い思い出について教えてください。

Q2.あなたは嫌いな人に対して
　　　　　　　どのような態度をとりますか？

Q3.日野照正（てるまさ）氏が中学生にビンタした一件
　　　　　　　についての感想をお願いします。

（資料）新城市長選挙2017公開政策討論会実行委員会

　この作業は、それまで市政の現況調査や立候補予定者の政策の理解に頭を悩ませていた委員が、リフレッシュする良い時間ともなった。質問を考える委員の人間性も分かり、会議が和やかになる効果もある。会議の最初にこの作業を行うと、面識がない委員も打ち解けられて良いかもしれない。

　進行において、会場からの拍手で決めるやり方はリスクもある。拍手の音の大きさの判断は、主観が入るからである。今回も、ほぼ同じぐらいの拍手の量で、決定的な判断要因にはならなかった。しかし、質問がユニークなものが多く、そのどれを選択しても公正中立性を欠くようなものではないため、質問の選択に対する過敏な雰囲気はなかった。むしろ、司会者が判断に苦慮する状況をおもしろがるなど、会場がリラックスする思わぬ効果も生まれた。

（7）広報

　今回は、開催にかかる費用は各立候補予定者が負担した。そのため、広報にかかる費用にも配慮が必要であった。実行委員会では、資金的に余裕のある人

しか立候補できない選挙ではなく、志があれば誰でも立候補できる選挙にしたいとの意見もあり、低コストでの広報を目指した。

　具体的に用いたのは以下の手段である。

・記者発表

・新聞へのチラシの折り込み

・参加する立候補予定者の後援会へのチラシの配布

・市内の高校へのチラシの配布（18歳選挙権への対応）

・SNSでの発信

・口コミ

図表Ⅱ-4-12　広報チラシ

（資料）新城市長選挙2017公開政策討論会実行委員会

　費用がかからず、発信効果の高い広報手段として、市の広報誌や防災無線等、行政の広報媒体の利用を検討した。だが、討論会は「選挙に関する事業」との認識が強く、利用できなかった。今後、公開政策討論会は「まちづくりに関する事業」であるとの認識を広めていくことが必要であろう。

（8）予算

▌カンパ（来場者からの寄付）

　公開討論会の開催費用は、主催者が負担するケースが多い。新城市長選においては、過去3回目までの討論会では来場者にカンパのお願いをした。最初の頃は、こうした新しい試みを評価してくれる方が多く、20万円を超える金額が集まったこともある。

　しかし、回を重ねると、討論会は開催されて当たり前のようになり、会場でのカンパの理由がきちんと伝わっていないことで、クレームが来るようになった。

　対策としては、討論会にかかる費用を一覧にして会場に掲示し、この事業が主催者の負担にて開催されていることを分かるようにしておくことが必要だが、その他の準備に追われ、主催者はそこまで手が回らないのが実情である。

▌主な支出費目

　公開討論会にかかる主な支出費目は以下の通りである。
　・会場費（附属設備使用料含む）
　・広報費（チラシ、ポスター等印刷費、新聞への折り込み費用等）
　コーディネーターを依頼したり、警備員や交通誘導員を手配したりする場合は、その費用も発生する。

▌開催費用を誰が負担するか？

　今回は、3会場とも料金が安価な公共施設を使用し、チラシもモノクロで印刷したため、総額15万円（1回あたり5万円）に抑えられた。

　それでも、これを誰かが負担しなければならない。開催費用の負担を主催者

に求めれば、資金が潤沢な団体しか開催できず、立候補予定者に求めれば、先
に述べたように公平な選挙のあり方に疑問が残り、来場者に求めれば、誰でも
傍聴可能な開かれた討論会の形を失う。

　今回は、立候補予定者自身が開催する公開政策討論会という位置づけであっ
たため、費用を立候補予定者が負担しても公職選挙法の寄付行為（法199）に抵
触しないが、主催者が民間団体である場合には判断が難しい。

図表Ⅱ-4-13　支出明細

項　　目	科目	細　　目	金額	摘　　要
実行委員会	会場費	会 議 室 使 用 料	6,000	委員会6回×1,000円
	会場費	会 議 室 使 用 料	1,700	記者発表会場
	その他	レ ン タ ル 料	3,000	携帯電話チャージ料（1ヶ月）
作手会場	会場費	ホ ー ル 使 用 料	3,800	
	会場費	付 属 設 備 使 用 料	3,100	マイク
	会場費	会 議 室 使 用 料	1,700	控室として利用
鳳来会場	会場費	大 会 議 室 使 用 料	5,600	音響設備含む
	会場費	控 室 使 用 料	400	
新城会場	会場費	小 ホ ー ル 使 用 料	11,000	
	会場費	楽 屋 使 用 料	1,100	控室として利用
	会場費	付 属 設 備 使 用 料	480	司会台
	会場費	付 属 設 備 使 用 料	3,230	照明セット
	会場費	付 属 設 備 使 用 料	210	持込電源
	会場費	付 属 設 備 使 用 料	7,220	マイク4本＋拡声装置
	会場費	付 属 設 備 使 用 料	2,160	プロジェクター
	会場費	看 板 製 作 費	7,000	看板
全体	広報費	印 　 刷 　 費	49,680	広報チラシ15,500部
	広報費	新 聞 折 込 料	46,418	15,500世帯
	その他	印 　 刷 　 費	390	当日配布資料
	その他	消 耗 品 費	3,285	A4用紙
	小計		157,473	
	均等割り		52,491	

（資料）新城市長選挙2017公開政策討論会実行委員会

　最近は、クラウドファンディングという手段もある。しかし、2017年に新城JCの会員が5名しかおらず、公開討論会を主催するのに無理があったように、討論会の開催までには、数多くの作業があり、人手も掛かる。主催者が少人数の場合、あれもこれもやれない。

　公開政策討論会を「まちづくりに関する事業」と位置付けることで、公的な補助が受けられる仕組みが必要であろう。

5. 公開政策討論会の運営

（1）会場準備

▌会場の手配

　会場は早めに抑えておく必要がある。告示日直前の公共施設は、各立候補予定者の演説会や、毎年、開催される行事やイベントの予約がすでに入っている場合があるからである。

　今回は、2ヶ月前からの準備であったため、早めに各会場を抑えることができた。公開討論会を開催しようと考えた際には、まず初めに、会場を仮予約しておくことを勧める。

▌現地確認

　次に、会場の現地確認を行う。確認するのは次の3点である。

　1．舞台

　2．会場設備

　3．駐車場

　1の舞台では、立候補予定者、コーディネーター、司会者のそれぞれの配置を確認する。プロジェクターを使用する場合は、スクリーンの位置により座席の配置を調整しなければならない。鳳来会場では、舞台上に十分なスペースがなかったため、舞台袖に白いシーツを張ってスクリーンの代用とした。

　2の会場設備では、照明と音響を確認する。舞台上の立候補予定者に等しく

照明があたるようにするのと、マイクの音量に差が生じるのを防ぐためである。今回、作手会場と鳳来会場の施設は初めて討論会で使用したが、当日の会場設営の際に、マイクコードの長さが足りなかったり、プロジェクターと持ち込んだパソコンとの相性が良くなかったりして、かなり慌てた。使い慣れた施設ではない場合には、やはり事前に入念な確認が必要だと改めて思い知らされた。

　３の駐車場では、駐車台数と駐車場から会場までの導線の確認である。討論会の開会後に、ぞろぞろ人が入場してくると、最初に発言する立候補予定者は気が散る。駐車場からのスムーズな誘導は欠かせない。

▌配布資料の作成

　今回、配布した資料は以下のものである。

・立候補予定者への配布資料（タイムスケジュール、討論形式の詳細説明）
・来場者への配布資料（次第、注意事項、各予定者の政策シート、質問記入表）

　立候補予定者へは、事前に同じ資料を送付してあるが、当日、控室にて討論形式等を再確認するために準備した。発言時間や発言順などに誤解があると、進行に大きな混乱が生じるからである。

▌備品の準備

　公開政策討論会で使用した主な備品は以下のものである。

　今回、発言時間の経過を確認するために、舞台からも会場からも見えやすい位置にデジタル表示の時計を設置した。これは、市内のバスケットボール協会が所有している試合用のデジタルタイマーをお借りした。各実行委員のもつ情報とネットワークが、ここでも非常に役立った。

図表Ⅱ-5-1　備品リスト

備　　品	使用方法	個　　数	備　　考
筆記具（簡易ペン）	質問事項への記入	会場の収容人数分	
注意事項の掲示板	開会前に会場内にて掲示	2〜4個	
ストップウォッチ	発言時間の計測	4個（予定者数＋1）	予備も用意する
時間告知ボード	発言の残り時間を提示	残り時間毎に各1枚	
デジタル時計	発言の残り時間を表示	1台	
パソコン・プロジェクター	現状報告や質問事項を掲示	1台ずつ	
カメラ	記録写真の撮影	1台	撮影者は腕章をつける
ビデオカメラ（三脚）	配信用動画の撮影	1台	撮影者は腕章をつける
メディア用腕章	撮影許可者の明示	メディアの数	報道機関の腕章でも可

（資料）新城市長選挙2017公開政策討論会実行委員会

▌会場の設営

当日の会場設営は、以下の通りである。

・会場準備（舞台上の机・イスの配置、動画配信用ビデオの設置、時間計測係の座席の用意ほか）

・受付準備（受付の設置、当日配布資料の整理）

準備を始める時間は、会場の仕様によって異なる。今回の作手会場や鳳来会場は、来場者用のイスを並べる必要があったため、設営に時間がかかった。公開政策討論会を楽しみにされている方は、かなり早い時間から来場されるため、設営の時間と人員には余裕をみておきたい。

（2）スタッフの役割

▌役割分担

今回の公開政策討論会のスタッフの主な役割は、以下の通りである。

図表Ⅱ-5-2　役割分担表

担　　当	主な役割	人数	担　　当
総括責任者	全体管理、立候補予定者、メディア対応等	3名	実行委員
受　　付	資料の配布、次回テーマへの質問表回収	6～8名	新城市商工会女性部
会 場 誘 導	会場内の座席誘導、注意事項の案内等	3名	実行委員
司　　会	討論会全体の進行	1名	実行委員
コーディネーター	討論の進行、発言の管理	なし	立候補予定者
時 間 計 測	発言時間の計測、残り時間の告知等	5名	実行委員・新城青年会議所
会 場 警 備	迷惑行為者への対応、入退場誘導等	3～5名	実行委員ほか
駐 車 場	駐車場内の誘導、満車の案内等	2～4名	新城市商工会青年部
記　　録	写真撮影、ビデオ撮影、動画投稿等	2名	外部協力者

（資料）新城市長選挙2017公開政策討論会実行委員会

　実行委員会のメンバー9名では人手が足らないため、公開討論会の運営経験のある新城青年会議所メンバーや新城市商工会の女性部と青年部に手伝ってもらった。急な要請にも関わらず、多くの方に集まっていただき、クレームが来やすいパートも難なく対応していただいた。討論会の運営経験者や、サービス業の仕事に従事している方がいると心強い。

▍動画配信

　働き方の多様化や家庭の事情のため、会場へ来られない人もいる。そこで、ケーブルテレビでの放映とYouTubeでの動画配信を準備した。ケーブルテレビは、最初の2会場を録画で、最後の1会場を生放送で視聴できるようにした。ケーブルテレビ会社が、放映時間が分かるチラシを用意してくれたため、討論会の周知にも役立った。YouTubeは、地元で情報誌の発行を手掛けるフリーランスの方に依頼した。専門技術を必要とすることは、本来ならきちんと対価を払って委託するべきだろうが、今回は公開政策討論会の意義にご賛同いただき、

無償でご協力いただいた。

　こうしてふりかえると、公開政策討論会は実行委員の力だけでなく、多くの方のご協力の下に開催できていると改めて感じる。

図表Ⅱ-5-3　地元ケーブルテレビによるチラシ

（資料）［ティーズ］

（3）公開政策討論会の進行

▌当日の次第

　公開政策討論会は、3回ともほぼ同じ構成にて行った。

　発言順は、当日、控室にて公平にくじ引きで決定した。最初の質問は、1番を引いた立候補予定者から回答し、順に2番、3番が答える。次の質問は、順を1つ送って、2番を引いた予定者から回答し、3番、1番と進む。以降、同じ要領で繰り返していくやり方である。

図表Ⅱ-5-4　当日のタイムスケジュール

時間	次　　第	立候補予定者		備　　考
		発言順	発言時間	
18:30	受付開始			配布資料を渡し、残数から来場者数を把握
18:55	注意事項アナウンス			来場者への注意事項の説明
19:00	開会			進行ルールの説明
19:03	自己紹介	A氏→B氏→C氏	3分×3人	会場の拍手で決まった質問への回答を含む
19:15	基礎データの情報提供			司会者からスクリーンを使って説明
19:20	基本政策	B氏→C氏→A氏	3分×3人	討論テーマに対する考え方と政策の表明
19:30	討論	C氏→A氏→B氏	25分×3回	
20:50	まとめ	A氏→B氏→C氏	2分×2人	本日の討論会をふりかえって補足、感想
21:00	閉会			

（資料）新城市長選挙2017公開政策討論会実行委員会

注意事項

　開会前に来場者に依頼するのは、私語、拍手、宣伝、質問、撮影の禁止の5点である。

　「なぜ、拍手を禁止するのか」とよく聞かれるが、拍手の量で、立候補予定者への賛否が明らかにならないようにするためである。つまり、支援者を大量動員して、他の予定者にプレッシャーをかける行為を抑制するためである。宣伝の禁止も同様である。

　主催者は、万が一、会場からヤジや怒号が飛んできたときの対応について、事前に準備している。だが、過去5回の討論会において、一度もそのような事態になったことはない。間近に選挙戦を控えて、どれだけ緊迫していようともだ。

　来場された市民のみなさんのご協力により、討論会は毎回、厳粛な雰囲気の中で行われてきた。

図表Ⅱ-5-5　会場での配布資料「ご来場の皆様へのお願い」

ご来場の皆様へのお願い

　公開政策討論会の進行上、ご来場の皆様にお守り頂きたいルールがあります。

　このルールをお守り頂けない方には、やむを得ずご退場いただく場合があります。

① 　立候補予定者の発言を妨げるような言動（ヤジ、私語等）はおやめください。
② 　開会時、閉会時及び司会が促した時以外の拍手はおやめください。
③ 　特定の立候補予定者のイメージに関わる行為はおやめください。
　（おそろいのハチマキ、法被、Ｔシャツなどの着用、プラカードの掲示や宣伝活動など）
④ 　客席からの立候補予定者への直接の質問等は一切ご遠慮願います。
⑤ 　当会が許可した場合を除き、会場内での写真・ビデオ等の撮影・録音はご遠慮願います。

（資料）新城市長選挙2017公開政策討論会実行委員会

▌討論

　今回は、立候補予定者自身が交代でコーディネーターを務める方式のため、テーマに対する具体的な質問事項は準備しなかった。代わりに、テーマに基づく討論が分かりやすいように、来場者に各立候補予定者の「政策シート」を配布した上で、「基礎データの情報提供」、「基本政策」、「討論」の順で進めた。

　今回の討論形式は、コーディネーター役を務める予定者が、25分間の持ち時間の中で、何を論点として、どの予定者にどんな視点から質問をするかに、来場者の注目が集まる。

　例をあげると、「人口政策」では、人口が減少してきた要因や人口の目標値に対する具体的な根拠や、政治家としてのビジョンの掲げ方や政策の打ち出し方などが論点となった。政策シートに記載された各予定者の政策が深掘りされ、期待通りの「討論」が展開された。

6. 開催記録

（1）作手会場

図表Ⅱ-6-1　作手会場の記録

日　時	2017年10月5日（木）19時00分〜21時00分
会　場	つくで交流館
テ ー マ	どうなる人口？（人口政策）
来場者数	150名（会場収容人数210名）
動画閲覧数	YouTube再生回数760回（2017/11/1時点）＋ケーブルテレビ（録画放送）
スタッフ	23名（実行委員会9＋新城JC4＋新城市商工会10）
主な論点	「人口減少の要因」「人口政策の具体性」「人口課題に対する政治姿勢」

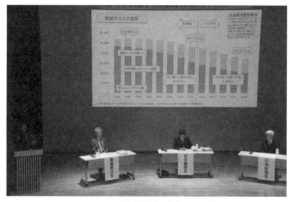

（資料）新城市長選挙2017公開政策討論会実行委員会

（2）鳳来会場

図表Ⅱ-6-2　鳳来会場の記録

日　時	2017年10月12日（木）19時00分〜21時00分
会　場	新城開発センター
テ ー マ	かせぐまち（産業政策）
来場者数	222名（会場収容人数250名）
動画閲覧数	YouTube再生回数491回（2017/11/1時点）＋ケーブルテレビ（録画放送）
スタッフ	19名（実行委員会9＋新城JC3＋新城市商工会7）
主な論点	「社会環境の変化と産業構造」「エネルギー公社の採算性」「民間感覚の反映」

（資料）新城市長選挙2017公開政策討論会実行委員会

（3）新城会場

図表Ⅱ-6-3　新城会場の記録

日　　時	2017年10月19日（木）19時00分～21時00分
会　　場	新城文化会館小ホール
テ ー マ	みんなでつくるまち（市民自治政策）
来場者数	305名（会場収容人数401名）
動画閲覧数	YouTube再生回数324回（2017/11/1時点）＋ケーブルテレビ（録画放送）
スタッフ	21名（実行委員会9＋新城JC3＋新城市商工会9）
主な論点	「地域自治区制度の評価」「地域自治区制度の改善点」「今後の行政区のあり方」

（資料）新城市長選挙2017公開政策討論会実行委員会

7. ふりかえって

「公開討論会はまちづくり」、その思いで、これまでの討論会に携わってきた。

2017年の公開政策討論会を経験し、あらためて、これは「まちづくり」だと実感した。立候補予定者が、市政や政策に関して、市民が知る機会を自ら提供する。立候補予定者から推薦された者同士が、互いの利を捨て、市民のために利することは何かを考える。来場者は、自分が応援する者だけでなく、これから選挙で戦うことになる相手の話にも、きちんと耳を傾ける。それぞれが、それぞれの立場で、このまちのためにできることをしている。

11回目となった最後の実行委員会の後、打ち上げをした。それは、開票日の3日後のことだった。つまり、選挙結果が分かった直後に、それぞれの候補者を支持していた者同士で盃を交わしたのである。そこでの一番の肴は、当選者の「政策」であった。これからの4年間のまちづくりについて意見を交わした。

選挙が終われば、終わりではない。そこからが、また新たなスタートである。そのスタートを切るには、公開政策討論会はなくてはならない。

8. 合同個人演説会

（1）告示日以降の討論会

最後に、今回、初めて開催した合同個人演説会について、少し触れておきたい。

これまでの新城市長選では、告示日の前に公開討論会を開催してきたが、告示後に討論会を開催したことはない。理由は、公職選挙法（以下、公選法）で、選挙期間中に、第三者が討論会を開催することができないからである。

（2）公職選挙法による規制

▌主催者

　最初の大きな課題は、主催に関する規制である。公選法により、選挙運動のために行う演説会を開催できるのは候補者のみであり、第三者が演説会を開催することはできない（法164の3）。そのため、選挙期間中に開催する公開政策討論会とは、「候補者同士が自ら主催する合同での個人演説会」であり、その企画・運営を第三者に委託するという解釈となる。

▌開催日程

　選挙期間中に開催する演説会は、公営施設を使用する場合は、開催する日の2日前までに選挙管理委員会に申し出なければならない（法163）。選挙管理委員会での受付は告示日以降となるため、事務手続き上の理由により、告示日から2日間は、公営施設での合同個人演説会はできないことになる。公営施設以外の施設を使用する場合は申出の必要がないため、告示日から2日の間に開催することは可能だが、次の広報の規制により現実的には難しい。

▌広報

　広報活動には、規制が多い。まず、告示日より前に、選挙期間中の演説会の開催を告知することは、事前運動にあたるためできない（法129）。また、演説会の開催を告知できる広報媒体は、次の3つに限られる（法142）。

　1．選挙運動用ポスター

　2．選挙運動用通常葉書及び選挙運動用ビラ（市区町村長選挙のみ）

　3．インターネットのウェブサイト

　戸別訪問は禁止されているため（法138）、あとは街頭演説や選挙運動用の車、電話等にて口頭で知らせるしかない。2の葉書とビラは枚数に上限（葉書8,000枚・ビラ16,000枚）があり、散布が禁止されている。ウェブサイトの利用も、電子メールで不特定多数に一斉送信することは禁じられている。そのため、短期間に広く告知できる方法がなく、告示日直後に合同個人演説会を開催しても、

周知が行き届かない。

▎運営方法

　個人演説会は選挙運動のひとつであり、特定の選挙で特定の候補者を当選させることを目的とした行為である。そのため、「私が市長になったら○○します」という個別選挙名の提示や「私に１票いれてください」という投票依頼行為も、まったく問題ない。発言に関して、公開政策討論会のように注意すべきことはない。

　ただし、発言以外については規制がある。

・開催時間は、公営施設を使用する場合は１回につき５時間以内であること
・文書図画の頒布は、選挙運動用ビラ以外のチラシや印刷物は不可であること
・選挙運動であるため18歳未満の者が演説会を運営することは禁止であること

　この中で、実際の運営に最も関係してくるのは文書図画の頒布だろう。公開政策討論会では、政策をより分かりやすくするために政策シートを会場で配布したが、演説会ではそれができない。

（３）2017年新城市方式による合同個人演説会

▎運営組織

　今回は、告示日前の公開政策討論会の実行委員会が、合同個人演説会の運営者として立候補者から委託を受ける形で開催した。また、当日の運営のサポート役として、各立候補者の後援会から応援要員を出してもらった。

▎広報

　広報は２つの方法を用いた。各立候補者の「選挙運動用ポスター」への記載と「新聞記事」である。

　今回は、公開政策討論会と合わせて合同個人演説会の開催についても検討していたため、各候補者がポスターを制作する前に、開催日程を確定することができ、掲載が可能となった。

　また、開催4日前に記者発表を行い、公選法の規制があり広報手段に苦慮しているため、開催概要を記事として掲載していただきたい旨を訴えた。

▌進行

　当日の運営は、公開政策討論会と同様の形式で行った。立候補者がコーディネーターを交代で務める討論形式である。それぞれの立候補者が、順に自身の政策を主張する演説会形式よりも、政策がより分かりやすくなるとの判断からである。ここでも、政策理解に重きをおいた。

　当日の次第は次の通りである。

　1．後援会から応援メッセージ（3後援会×3分）
　2．まちのビジョンと重点政策（3立候補者×5分）
　3．討論（20分×3回）
　4．最後の主張（3立候補者×3分）

1．後援会から応援メッセージ

　演説会は立候補者以外の者による演説も認められている（法162）。

　そこで、候補者の自己紹介に代えて、各後援会の代表者から、候補者の紹介や自分が支持する理由を述べてもらった。これまでとは異なる視点から、候補者の人となりを知ってもらおうとの考えからである。登壇者に特に条件を設けなかったところ、「企業経営者1名」「子育て世代の女性5名」「中高年の男性6名」がそれぞれ登壇された。それぞれの候補者の違いがよく分かり、市民の市政や選挙への関心がさらに高まる効果があった。

　演出に関しては、安全上の理由から幟旗の持ち込みのみ禁止したが、それ以外は自由とした。候補者のイメージカラーのハチマキやジャンパーを着用しての登壇はあったが、演出方法に特に大きな違いはなかった。今後、合同個人演説会が定着してくると、様々な演出の工夫が試みられるかもしれない。そうなると、気勢を張る行為（法140）に抵触しないように、事前に通達することが必要となる。

2．まちのビジョンと重点政策

　各立候補者から、事前に提出してもらった資料を会場のスクリーンに投影した。会場から見やすいように、資料はＡ４横サイズ１枚としたが、それ以外の条件は設けず、カラーや画像の使用も可とした。そのため、文字の色やポイント数を変えたり、イラストや図式を活用したりと様々な工夫が凝らされた。各候補者の重点政策が、より伝わりやすくなった。

図表Ⅱ-8-1　まちのビジョンと重点政策　投影資料

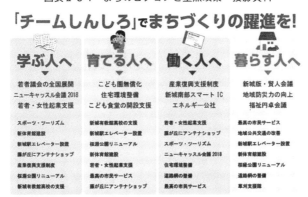

（資料）新城市長選挙2017公開政策討論会実行委員会

3．討論

　討論は、公開政策討論会と同じ形式とした。すでに３回同様の形式で開催しており、この時点からの変更は、候補者が混乱すると考えたためである。しかし、特段テーマを設けずに行ったため、論点が曖昧になり、かみ合わない論議や抽象的なやり取りも多く、市民には分かりにくかった。「地域医療」や「市庁舎建設」など分かりやすい争点がなかったことも要因のひとつである。

4．最後の主張

　最後は公開政策討論会と同様に、一人ずつステージ中央にて最後の主張を行った。各候補者が胸にタスキをかけ、熱を込めて語る様子は、まさに選挙戦真っただ中であることを感じさせる。「市長にさせてください」との訴えもあったが、告示前ならば公選法に抵触するが、選挙期間中であるため問題がない。

各後援会が準備するもの

各後援会から会場に持参してもらったものは以下の3つ。

1. 立候補者のタスキ

 候補者にタスキをかけて登壇してもらい、選挙期間中である臨場感を演出した。

2. 候補者ポスター

 舞台上の座席に、候補者の名札代わりに掲示した。こちらも臨場感を演出するためである。

3. 個人演説会用の立て看板

 会場入口に候補者の立看板を3枚並べて掲示した。掲示義務は特にないため設置しなくても良いのだが、3人による合同個人演説会であることをアピールするため実施した。ただし、看板のサイズが各自違うため、あまり見た目はよくない。

図表Ⅱ-8-2 立て看板

（資料）新城市長選挙2017公開政策討論会実行委員会

費用負担

公選法にて、選挙期間中に指定された公共施設を使用する場合は、候補者ひ

とりにつき同一施設ごとに１回に限り無料となる（法164条）。ただし、照明、音響、演壇等、一般的な演説会に必要なもの以外は有料となる。例えばプロジェクターなどの投影機器は有料となる。

　実際にかかった経費は、以下の通りであった。

図表Ⅱ-8-3　支出明細

項　　目	科目	細　　目	金額	摘　　　　要
新城会場	会場費	小ホール使用料	0	
	会場費	楽屋使用料	0	控室として利用
	会場費	付属設備使用料	0	司会台
	会場費	付属設備使用料	0	照明セット
	会場費	付属設備使用料	210	持込電源
	会場費	付属設備使用料	0	マイク４本＋拡声装置
	会場費	付属設備使用料	2,160	プロジェクター
	会場費	看板製作費	5,400	看板
全体	広報費	印刷費	0	
		小計	7,770	

（資料）新城市長選挙2017公開政策討論会実行委員会

（４）合同個人演説会の記録

　新城市長選にて初めての開催であり、1,300名収容の市文化会館大ホールを準備して待ち構えたが、結果は、その30％にも満たない来場者数であった。そのため、最後の実行委員会にて、今後の改善点を検討した。以下の通りである。

・市議選も同時に行われているため、市議の個人演説会への動員がかかっているケースも多かった。市議も含めた全立候補者が一堂に会する、合同演説会の企画を検討する。

・各後援会に開催の周知を依頼したが、すでに支持者が決まっているため、積極的な来場につながりにくかった。他の候補者の話を聞く意義を、しっかり伝える方法を検討する。

・３回の公開政策討論会と同じ開催形態であり、マンネリ感が生じた。アメリカ大統領選のように、有権者との対話集会形式の討論会など、多様な開催方法を検討する。

図表 II-8-4　合同個人演説会の記録

日　　時	2017年10月24日（火）19時00分〜21時00分
会　　場	新城文化会館大ホール
テ ー マ	将来ビジョンと重点政策
来場者数	350名（会場収容人数1,300名）
動画閲覧数	YouTube再生回数359回（2017/11/1時点）
スタッフ	18名（各後援会6名＋新城JC3）
主な論点	「産業政策の再論議」「政治家としての覚悟」「市民の声への寄り添い方」

（資料）新城市長選挙2017公開政策討論会実行委員会

Ⅲ 《対談》「まちづくり×政治づくり」が生み出す自治社会の新しい可能性 ──市長選挙公開政策討論会条例がめざすもの

　第３章では市長との対談を通して、この条例の意味を読み解いていきます。私が用意した質問は７つほどです。これを市長に問いかける形で対談を進めていきます。

1. 公開政策討論会を起動させるもの──それは住民意思

（1）公開政策討論会条例のスタートアップ地点

▌自治体設置の公開政策討論会はどこでもやれるのか

○鈴木教授　第１点目は、公開政策討論会の普遍化についてお伺いします。今回の出版企画の最大の目的は、新城市の公開政策討論会条例制定に至る実践を、全国どこでもできるようにしたいという点です。新城市と同様の条例制定の取り組みは、他の市町村でも行えることでしょうか。

▌「立法事実」としての2017年新城市長選挙での経験

○穂積市長　私が、これを条例化したいと思った出発点ですが、やはり2017年の市長選挙における公開政策討論会の経験でした。第２章で詳しく紹介されていますように、従来の公開討論会とは違ったステージに上がった実感を持ちました。

　運営にあたってくれた市民、聴衆として足を運んでくれた市民、それら皆さんの振る舞いを通して市民自治の一つの到達点を見た思いがしました。

　と同時に、この政策討論会が開催できたことについては、当時の３候補者のキャラクターによるところも大きかったと思います。お互いによく知った関係で、しかもこうした市民参画の試みには積極的に関わっていこうとのスタンスを持っていました。

ですから、あの場に立ちながら、ここまでつくり上げてこられたなという実感と、一方では偶発的なものに依拠した要素の二面性も感じたわけです。

▌条例になじむか

○穂積市長　そこで、これを次に引き継げるようにしておかなければ、おそらく、小さなエピソードとして終わるだろうとも痛感したのです。

またそれは市長を選出するプロセスそのものへの変革を含んでいるわけですから、条例化を提起することに大きな意義はあると思ったわけです。

むろん、果たして条例というものになじむものかどうか。自分のなかでも疑念は残っていたし、いろいろな方が指摘するとおりの論点を含んだものでもあったと思います。

だからこそ市民自治会議の皆さんに諮問として投げかけて、そこでの議論を踏まえて最終判断をしたい、と。それがスタートですね。

（2）選挙への満足度を問う

▌新城市の特殊条件を外してみると

○鈴木教授　仮に、他の自治体で、この条例を制定したいと言われたときに、果たして可能かどうか。その前提条件のようなものがあるのでしょうか。

○穂積市長　もしも他の自治体でおやりになろうとした場合にも、決定的に住民の意思だと思うんですね。住民の皆さんが、このような場が自分のまちにあってもいい、あるいは選挙にかかわる新しいかたちをつくってみたいという、大きな住民意思があることが一番だと思います。

私自身これが条例になじむのかと迷いもありながら、それでも、と踏み出したのは、今の選挙制度なり実際の選挙の有りようそのものに対して、国民の多くは満足していない、この一点は間違いなくあると思っていたからです。

だからなんとか自分たちなりに納得のいく、得心のいく選挙にしていく、その一石を投じる価値は必ずあるだろう、と。

▌住民が必要としさえすれば

○**穂積市長**　例えば、青年会議所やリンカーンフォーラムのような方たちが始めた公開討論会が非常に注目を集めたのも、住民の皆さんがもっときちんとしたものが聞きたい、候補者が一堂に集まって討論するような場があればと思っていたからこそ生まれたものですし、それが各地に広がった理由だと思うんです。

　条例で定めるかどうかは別として、同じようなことは、今の選挙を良しとしない方がいる限りは、その人たちが声を上げられる場がある限りは、できると思います。

（3）「市民総会」的な考え方

▌実施主体はどこにいる

○**鈴木教授**　出発点は、住民の意思なんですね。ただ、住民の意思というのは、いきなりできるものじゃないと思うんです。つまり、公開政策討論会を普遍化していく上で、１丁目１番地と言ってもいいかもしれないのが、住民の意思、あるいは住民の自治と言い換えてもいいのかもしれません。この点は、どうですか。

○**穂積市長**　新城市では、自治基本条例をつくって、市民、行政、議員が一堂に会して、まちの課題や未来を考える市民まちづくり集会を毎年一回やってきましたが、これはそもそも「プレ市民総会」と銘打ってはじめたものです。

　市議会があるのに市民総会とは何事か、ともいえますが、私どもとしては議会制度の一方で市民参画・市民協働を実質化する場を求めてきて、そのとりあえずの集約として市民まちづくり集会を定例化したわけです。

　住民・議会・行政が一堂に会して意見交換をし、何かを共有していこうという場です。

▌直接民主主義か間接民主主義かの二者択一を超えてみる

○**穂積市長**　何かを決定する場ではないので総会でも議会でもないが、それぞ

れの問題を持ち寄って住民の意思形成や議会・行政の政策形成にコミットする、そんな場です。

　先生が言われたとおり、住民意思はどこでかたちづくられていくのか。それを誰が体現し得るのか。様々な施策やまちづくりに、どのようなかたちで影響し得るのか。──むろん議会と市長が公的には代表するわけですが、地方自治には住民の直接請求制度などもあります。地方議会への住民不信や首長選挙の低調化などもあって、今は何かモヤモヤしたものが残っています。

（4）自治基本条例をどう見るか

▌自治基本条例を活かす道

○鈴木教授　自治基本条例の話が出ました。第1章でも述べられていますが自治基本条例が多くの自治体で制定されたが、十分に活かされていない現実もある。自治基本条例は自治体の憲法とまで言われ、一部の政治意識の高い市民の要求に押されるかたちでつくったけれども、制定後、誰がどう活かすのか、何のために活かすのか、調べてみると活かされていないように思えるのです。

　ですので、市長選挙立候補予定者の公開政策討論会条例においても、確かに他のまちでも文面上はできる。しかし、うまく公開政策討論会を開催していくには、討論会を開催へと導く市民の主体形成がすごく大事だと思います。この点いかがですか。

▌市民まちづくり集会に読み替えてみると

○穂積市長　この公開政策討論会という場をどう規定をするか。どういう場として性格づけるかというのは、市民自治会議でも議論になったと思うんですね。

　そのときに、打ち合わせのなかで、職員に「いや、市民まちづくり集会にしちゃう手もあるよ」と言ったこともありました。「これは市民まちづくり集会である」と。

　市民まちづくり集会は、基本的に市民総会に準ずるものだから、市民まちづくり集会で市長立候補予定者の意見を聞き取る。それで、自分たちの代表を選

ぶ参考にする。市民まちづくり集会の１バージョンとして位置づけるやり方も
あるんじゃないのということは、議論をしたことがあるんですね。

○鈴木教授　そう、ありましたね。面白いなと思いましたよ。

（5）住民意思が立ち上がるところ

▌公開政策討論会の位置づけに悩む

○穂積市長　この公開政策討論会を行政責任、つまり市長権限で起動させるこ
とそのものが、すごく難しいわけじゃないですか。よって立つ既存法制もない
わけですし、公職選挙法との関係もある。

　それから、なんと言っても選挙なので、それぞれの候補者にとっては、人生
のかかったものだし、支援者にとっても同様。有利・不利の問題もあれば、勝
ち負けの問題がついてくるので、単なるディベートイベントで終わる話ではな
い。

▌自治基本条例から紐づけてみる

○穂積市長　市民自治会議なりが主催者になれば……という議論ももちろん
あったと思うんですが。いやいや、それはちょっと荷が重すぎるかもしれない。
最後は、やっぱり市が責任を負うべきだろうと。

　ただそうすると、「現職の市長が市長選挙の討論会主催者になることはおかし
くないか」という議論も必ずつきまとってくる。

　市がやるんですが、実際はあくまでも市民が主体的につくり上げた場であり、
そこに候補者を呼んで意見を聞く場である。

　そこからこの条例は、自治基本条例を大もとにおいて規定することにした。
自治基本条例があって、その１条として規定される。自治基本条例の実践の中
から生まれてきた追加項目である。それが基本です。

2. 「選ぶ意思×選ぶ行為＝選ぶ主体」はどうつくられる
──公職選挙法から条例を考える

（1）公選法の大目的──公平・公正な選挙

▌公選法の読み方

○鈴木教授　次は、公職選挙法との関係についてです。今回、公開政策討論会条例を検討するにあたっては、ずいぶん厳しい意見が寄せられました。公職選挙法に抵触する可能性を持つとか、運用上、事前運動に該当してくる可能性がなど。たまたま過去できたとしても、それが常設されると、危険性をはらむものになるのではないか、等々です。

　しかし、公職選挙法をよく読んでいくと、それが誰に対して、誰を規律するものであるかについては、この条例と、ずいぶん違いがあるように思うんですね。

　そのあたり、公職選挙法と今回の公開政策討論会条例の違いは、市長はどんな点にあると思いますか。

▌「選挙人の自由に表明せる意思」（公選法第1条）

○穂積市長　公職選挙法は、基本的に選挙人の自由な意思表明で選挙が成立することを確保すること、それが大きな目的だと思うんですね。そのために、一定の制限を設ける。金銭買収はもちろん酒食供応はダメとかを始めですね。

（2）公選法が禁ずる行為

▌候補者側から有権者側への働きかけ方を規律する

○穂積市長　禁止項目はその時代の社会慣習や許容度によって変わりますが、基本的には、選挙に不正があってはならないというのが、大原理だと思うんですね。

　それは、秘密投票が保障されているように、それぞれの有権者一人一人が、誰を書こうと、それはその人の権利であり、自由である。そこに公権力や資金

力を持った者が干渉してはいけないということだと思います。そのために、候補者側に、ある程度の制限を設けましょうと。

　ですから、構造上、候補者側から有権者側へのアクセスについて、そのアクセスの仕方を選挙活動の許される期間も含めていろいろと事細かに規定をして、不公平がないように、不正がないようにとされている法律でしょう。

▎選挙法のない選挙はありえない

○穂積市長　「べからず集」とヤユされるようにちょっと禁止事項が多すぎるとか、個々にはいろいろあると思うけれども、公選法が必要ないかというと、それはない。

　その制限がどうあるべきかは、時代によって変わってくるだろうけれど、選挙管理の法律のない選挙はあり得ないと思います。ですから、方向性としては、候補者から有権者へのアクセスを規律する法律だと私は理解をします。

（３）公開政策討論会条例の立ち位置

▎「選ぶ行為」を法律はどう見ているか

○穂積市長　ところが、有権者側が候補者を選ぶとはどのような行為なのか、どのような判断によるものなのかということは、公職選挙法には規定はないし、そもそも法律の目的もそこは関係ない。

　かたや今回の公開政策討論会条例は、むしろ投票者側の選ぶ行為、選ぶ意思が、どのように形成されていくのか、どのように形成したいのかに焦点を当てたものだと思うんですね。お願いされたからというのも一つの選択の行為であるし、顔がいいからというのも選択の行為である。それぞれ平等であり、貴賤はないと思いますが、そのなかに、もっと知ってみたいという欲求は、誰にでもあるわけです。候補者のことを知らずに投票はできない。候補者の人柄や政策をもっと知りたいという素朴な気持ちと言いますか、代表を選ぶときの当たり前のことだと思うんですね。

▎「知りたい」という欲求

○**穂積市長**　その候補者をもっと知ってみたいという欲求に、公職選挙法は応える構造になっていない。ビラの頒布は何枚までですよとか、集会の告知はこうしなさいとか、運動員はここまで張り付けられますよとかが決められていて、そこに多くの制限を設けるのが基本ですから。

　逆に、有権者側の候補者を知りたい、自分がどう選んでいいかを見極めていきたいという当たり前の欲求、ならびにそれに基づく行為に焦点を当ててみた場合に、この公開政策討論会の立つ位置が見えてくると思うんですね。

（4）公選法の運用実態

▎有権者の「気づき」が促される場がもっとあっていい

○**鈴木教授**　知りたいと思う有権者の気持ちを感じとっても、なかなか選挙活動のなかでは応えることができない。

○**穂積市長**　そう、できないというか、限られたなかでやりくりをしているのが実情です。もっと自由な議論の場があったり、住民のなかでふるいに掛けられる場があったり、また、逆に、それによって候補者側が住民側に問題を投げかけて、住民の側が試されていくというやりとりの場があっていいかなと思います。

▎公選法だって絶対ではない

○**穂積市長**　公選法はなければいけないし、趣旨も最大限に尊重されるべきなんだけれども、現実には、非常にテクニカルな運用の面が多くて、条文を読んだだけでは、なんでこれが禁止になるのかが、すぐに分かるような条文ではない。それは、実例のなかで積み上がってきたものが、時々の裁判所の判例になったり、警察の判断を左右したりしながらきているわけです。4年前に許されたのに、今度は許されないとか、そういうことが、ままあるわけですよね。

（5）「由らしむべし知らしむべからず」の政治にはならぬように

▌市民感覚とのズレ

○穂積市長　そうすると、自称、他称、選挙プロと言われる人たちが、選挙を仕切るようになる。職人芸的な選挙運営マニュアルでスケジュールから動員システムまでが組み立てられ、そこに人がはりつけられる。これはこれで一大政治イベントではあるけれど、何でそうなっていて他のやり方はできないのかは、結局「公選法の規定で」としか説明しようがなく、当たり前の市民感覚からはかなりズレている。

▌もっと伸び伸びと

○穂積市長　逆に、比較的自由で誰でもアクセス可能で、そこに行ったからといって法律違反を問われたり、色眼鏡で見られたりすることがなく、知っておきたいことを知れる場が増えていけばいいと思うんですね。

○鈴木教授　公職選挙法そのものは、いかに公平・中立に選挙を運営していくかという点に、力点があるわけですね。これに対して今回の公開政策討論会条例は、有権者の立場に立って、有権者が自らの自由意思によって誰を選ぶのか、その意思を形成していくことに重きを置いていたものと整理させてもらいます。

（6）JCなどの公開討論会をどう評価するか

▌低調と言われるが

○鈴木教授　今まで、JC（青年会議所）等が主催をして公開政策討論会がやられてきました。しかし、正直、なかなか盛り上がらないですよね。これは、どうしてだと思いますか。

○穂積市長　最近はそう言われることが多いですが、この試みは決して低く評価されるべきではないと思っています。

　例えば、15年前の最初の市長選挙がありました。3市町村が合併して最初の市長選挙です。

▌インパクトの実感

○**穂積市長**　2005年のことですが、そのときには非常に盛り上がったんですね、JC主催の討論会が。新城市では最大の収容人員を持つ文化会館大ホールがほぼ埋まって、1,000人近い方がみえた。

　それから、私たち候補者側も、その公開討論会を経る前と経た後で、明らかに有権者の反応が変わるのを目の当たりにしました。運動員の人たちも「あそこで大きく変わったよ」「雰囲気が変わったよ」と。

（7）公開討論会が新鮮だったとき

▌公開討論会から逃げる候補者は落選するとまで言われたが

○**穂積市長**　このときには公開討論会の作用する力はかなり大きかった。票数がどうとかではなくて、政治の雰囲気をつくっていく上では大きなインパクトがあったと思います。

　それから、各他の自治体や国政選挙などを見ていても、初期の頃は、大きな作用力を持ったと思うんです。事実、あるときまでは、公開討論会に出ない候補者は落ちるというような、そんな言われ方をする状況まで起こったわけですね。

　公開討論会で選挙結果が決まったわけではもちろんありませんが、公開討論会に対する姿勢が、他の選挙活動にも当然現れてくる、それを有権者がかぎ取ったことの結果ですね。

　そういう時期があったので、JCやNPO団体がやった公開討論会が、形式的なものに流れているとの評価は一面的で、むしろ時の経過とともに変わっていった。

▌「中立性」の呪い

○**穂積市長**　というのはどうしても中立とか、不偏不党とかに、重きを置かざるを得ないので、議論が勢い表面的なものや言いっ放しに終わって、次第に有効性が失われていった。

　そこらへんから、ここ数年でしょうかね、候補者討論会が、ちょっと下火になってきて参加者も少なくなる。それから、候補者側も意義を見いだせなくなる。一時は、そこに出ないと当選が危ないというのが、逆に、あそこに出ても時間の無駄ということに切り替わっていってしまったというのが実態だと思います。

　いろいろな工夫をされて、いろいろな手法も開発されてきて、それがあったからこそ、今回のわれわれの公開政策討論会もできたと思っています。

（8）市民から見た公開討論会

▌公開討論会が目的化するとき

○鈴木教授　私も、公開討論会の司会をやったことがあります。その後の経過の中で、選挙に立候補しようとすると、公開討論会なり、そこに出演することが目的になって、そこで何を議論するのか、何を論点にしなければいけないのかというところが、見えなくなってきたように思いましたね。

　主催する側は、いかに公平、中立にやるかということに重きを置くかもしれないけれども、肝心の住民の側は、選挙に対して持つ論点が見えなくなってきていて、そこに参加する動機に、なかなかならないんですよね。

　それは、主催者側の問題かというと必ずしもそうではない。これは、やはり、民意と言いますか、住民の意思ですね、それが日常的につくられる機会がないところにも大きな問題がある。

▌市民の側の主体性

○鈴木教授　自分が、どう社会の問題を自分事として捉えて、そして、どこで発言をするのか。その機会がなかったり、あるいは発言することを良しとしないという雰囲気があったり……。特に、女性などは、発言することを拒否されたり、嫌がられるということが多いですよね。家長が発言することが主であって、その家の若者や女性が発言することを嫌がるという一般的な風潮。あるいは、福祉のこと、子育てのこと、学校教育のことなど、人のライフステージの

なかでは、常に考えたり、疑問を持ったりすることがあっても、それをみんなで共有して、どのような解決策があるかということを考える機会がなかなかない。それが、やはり大きな問題点としてもあったんだろうなというふうには思いますね。

　ですから、人集めと言いますか、参加してもらうための働きかけに一番のエネルギーを費やさなければならない、そんな事態になってしまったと思います。

3. 選択権の行使──喜びと苦痛の分かれ目

（1）投票率向上に寄与できるか

▌投票率低下への危機感

○鈴木教授　その点で、三つ目の論点に移りたいと思います。投票行動の向上に貢献するのかという問題です。第1章で言及されている通り、投票率50％を切ると、代表者の正統性は怪しくなる。投票率の低下、市民の無関心が、間接民主主義の崩壊につながっていくと言われています。

　ですから、公開政策討論会は、市民が立候補予定者の政策をよく聞いて、考えて、そして、判断する場であるゆえに、誰に投票するかを吟味できる機会になる。そこにも価値があるんだという意見も聞かれるのです。

　でも、公開政策討論会の目的は、果たして、投票率の向上なり、間接民主主義を支える仕組みをつくることにあったのかどうか。そのあたり、市長はどのようにお考えでしょうか。

▌投票率向上に結びつくかは証明されていない

○穂積市長　私は、投票率の向上に直結するものではないと思います。

　投票率の問題は、むしろ選挙制度全般の問題であったり、それから、政治状況における様々な国民的な争点の有りようの問題であったり、等々に多分に影響されてきます。

○鈴木教授　当日の天気もね。

（2）投票制度への各種提言

▌投票義務制度をどう見るか

○**穂積市長**　それから、この頃では、投票率が低下していることから、投票の義務化、棄権の禁止、罰則化を考えるべきというような議論がありますね。

　あるいは有権者登録の制度ですよね。年齢がくると自動的に投票用紙が送られてくるというのではなくて、自分で有権者登録をする制度にしたほうがいいのではないかと。

▌棄権をどう見るか

○**穂積市長**　もう一つは、論点が割れるところですが、棄権だって一つの意思表示という見方がありますよね。

　行って白票を投ずるか、行かずに済ますか、結果は同じですから。そういう何らかの異議申し立てと見る見方もあれば、逆に二重の信託と言いますか、棄権する人は、関心のある人に任せておくのと同じだから、間接の間接みたいなものだと言えなくもない。それも意思表示の一つだと見る。

　異議申し立てであるか、間接の二重承認であるか、その他評価の仕方は多様でしょうが、投票の義務化となると、こういうある種の「すき間」が許されなくなる。

　それが社会としていいかどうか。

▌投票ポイント還元とか再選挙制とかも

○**穂積市長**　反対に投票に何かの利益誘導をする。例えば、どこかの商店街がやっていましたよね。投票済証明をしてきたら、ポイントを出すとか、値引きするとか。商店街としては、立派な勇気ある試みだとは思います。

　棄権に対してペナルティーを科すか、投票に対して奨励する制度を設けるか。ある種の登録制度にするか。または投票率が一定以下に下がった場合には、必ず再選挙というふうにしてしまうか、いろいろ議論があります。

　ただ、今のところ、棄権は不利益にはならない、候補者側にとっても、不利

益にならない。

　むしろ、「投票に行かないでくれ」と言った政治家がいたように、そういう心理がある。確実に票読みできる支持者が投票行動をとってくれればそれでいい、と。

▍「無関心」はつまらない

○穂積市長　投票率の問題は、選挙制度の有効性に起因をすることが大きくて、政策討論を聞いたからアップするというふうには、なかなかいかないと思うんですね。

　われわれの周囲でも、例えば、公開政策討論会にくるような人は、もともと投票する人で、そうではない人たちを問題にすべきではないかというのは、たくさん議論がありました。

　それはあるとしても、むしろ、私としては、今回の政策討論会を通じて、若い人や女性たち、あるいはこれまで政治に深く関わろうとしなかった人たちが、ある種面白がって運営に関わってくれたりすると、「選ぶ」という行為の面白さや大切さ、エキサイティングな面が分かってくる。その気持ちが伝播することによって、いろいろな投票行動が変わっていくというのを期待はしています。ただそれが投票率向上にどの程度寄与するかは今のところ分からない。

（3）選ぶ楽しさは誰にでも訪れる

▍選挙なんてむずかしくない

○穂積市長　18歳選挙権が導入された年に、私は地元の高校に呼ばれて「シチズンシップ教育」の一貫で高校生と話し合う機会を持ったことがありました。

　「市長さん、選挙のときに、何を基準にして選んだらいいんですか。私たちにはよく分からないことがたくさんあって難しい」と質問を受けましたが、私はこう答えました。

　「いや、難しいことは全くありません、選ぶことは。男性か女性かを基準にしたっていいし、見栄えがいいかどうかで選んだって構わない。若い方が、で

もいい。どうしても困れば、鉛筆の倒れたほうで選んだっていいんだ、それであっても選挙権の行使から逃げるよりかはずっといいんです」と。

「選ぶ」というのは、そういう行為であって、何ら難しくない。選び方の善し悪しを法律は決めていないし、憲法にもどこにも書いていない。

▌自分の選択だけは覚えておこう

○穂積市長　問題は、自分がなんで選んだかということをちゃんと覚えておいて、次の投票のとき、次の選ぶ行為をまた自分で決めることが大切なんだと。選ぶ行為は誰にでもできる。その基準は千差万別。こうでなければいけないとか、難しい理屈を知らないと選挙に行けないということ自体が、そもそも問題で、そんな壁は無視していい。

ただ、選んだ行為には、責任がつきまとうから、それだけは覚えておいて、4年後に、自分の選択がどうだったか、次はもうちょっと賢く選んでみようとか、その積み重ねで民主主義は成り立っているので、何も難しく考えることない。そんな話をしました。

▌「権利・義務」論の前に

○穂積市長　選ぶ行為が苦痛の場合と、楽しみの場合って、二つあると思うんですよ。例えば、災害の拠点で、医者がトリアージをするというのは、苦痛な選択ですよね。

逆に、ボーナスで何を買おうかなというのは、楽しい選択じゃないですか。選択行為が苦痛や負担になるか、あるいは喜びになるか。ここは一つの分かれ目で、喜びになれるような選択を選挙のときにやれる。それは、自分が主人公だから、という民主主義の当たり前のことかもしれないけれども、ここに少しでも回路が通じられるような公開政策討論会であればと思うんですけれどね。

よく「選挙権は国民の大切な権利であり義務でもある。だから必ず投票にいきましょう」と言われます。まさにその通りだが、何か説教くさく、意欲の喚起にはなりそうもない。

4. 「熟議の民主主義」

（1）公開政策討論会は有権者だけのものではない

▌市民＞住民＞有権者

○鈴木教授　それでは、四つ目のテーマ、公開政策討論会の目的についてです。

　まず、2017年の公開政策討論会では、その目的を「有権者の選挙権の行使」ではなく、「新城市に関わるあらゆる人々に、市政へ関心を持ってもらうための、市政への参加権の行使」であると。選挙権の行使ではなく参加権の行使に据えたというところに、重要なポイントがあったと思うんですね。そのために、討論会の開催目的は「市民への選挙における判断材料の提示と市民の選挙および市政に関する関心の向上」というところに置いたというわけです。

　市民というのは、住民よりも有権者よりも広い範囲の人々を指しますよね。選挙権がない若者や他の自治体に住んでいる人、それから、新城市に通学している高校生、新城市の会社に通勤している人、市外に住んでいて新城市でNPO活動や地域活動をやっている人など。こうした人々も市民として公開政策討論会では対象としていくわけですね。

　ですので、公開政策討論会は、有権者の投票率を上げて投票を促すという選挙権の行使に限定した制度ではなくて、新城市に関わっているあらゆる人たちに市政への関心を持ってもらい、参加してもらう行為を促していくものと思うんですけれども、このような捉え方でよかったですか。

○穂積市長　はい、そうだと思います。

○鈴木教授　2017年のときの選挙を振り返って、ほかのお二人も同じような意識だったのでしょうか。

○穂積市長　確かめて聞いたわけではないけれども、基本はそうだったと思います。聴衆を有権者に限定すべきといった提案はどこからも出されませんでしたから。

（2）「選挙が政治家をつくる」法則

▌市民の市政参画と政治

○鈴木教授　市政への参加権の行使を促していこうというのは、実際に市長の立場からすると、それはありがたいことですか。

○穂積市長　市にはいろいろな団体や組織がありますし、議会という場もあるわけですが、住民の意思がどのようにあるかは、われわれは、いつもいろいろな人たちとの対話を通して確かめたり、アンケートを採ったりして向き合っていこうとします。

▌選挙の場が特別なわけ

○穂積市長　そのなかで選挙の場は、われわれ候補者側にとってみると、民意を直接肌身に感じる貴重な機会で、だからこそ政治家は選挙を大切にするわけですよね。選挙をやったことがある人とない人、政治家とそうでない人との間で、やっぱり、ここにはどうしても感覚が違うところかもしれません。

　例えば、単なるお願いで、政策抜きで、どぶ板選挙じゃないかと、有識者の方々は言われたりする。政策抜きかと言われれば、狭義の意味では確かに政策そのものではない。ただ、先ほど言ったように、選ぶという行為はいろいろなレベルがあって、いろいろな入り口があるわけですよね。その選ぶ判断に、上下関係はつくっていない。これが1人1票の原則じゃないですか。

　つまり選挙の場面では、あくまでも一人一人が大切だということです。ふだんは声の大きな人も小さな人もいる。けれど選挙の1票に声のボリュームは関係ない。内心の声は一人一人対等で、それをなんとかくみ取っていこうとする。その人に自分の味方になってもらおうとする。それが選挙戦の場なのです。

　その一つ一つの出会いや心の交換が、政治家をつくっていく。政治にとっては生きる糧で、われわれの側は、そこである種の民意といいますか、住民の気持ちを捉えなければならない。

　これは選挙の、政治のダイナミズムです。

（3）「民意」――政治のダイナミズムを生む力

選挙結果の受け止め方

○穂積市長　とはいえ、やはり選挙は支持する・支持しない、投票する・しないが分かれます。だから、例えば、負けた候補者は、必ず「不徳の致すところ」と言う。それは本心でもあれば、エクスキューズでもあるわけですが、そのときには、自分の訴えは正しかったけれども、うまく届かなかったという場合もあるだろうし、そもそも全く受け入れられなかった場合もある。

　当選の弁だって同じです。主張が支持されたと言いたいが、ではどの主張が誰からどの程度支持されたのか。相手方の票数はどうなのか。

　その選挙結果をどう読み解くかは、立場ごとにいろいろ成り立つ。主張はよかったけれども知名度が足りなかったから、運動が出遅れたから、と総括する場合もあれば、自分の負けは主張が受け入れられなかった結果であって、勝者を尊重したいと総括する人もいます。

　その選挙結果の示す民意はいったい何なのか。人は自分の政治的立場によって解釈したいように解釈する、解釈権は誰にでもあるというわけです。

政治の推力

○穂積市長　ただ、数だけが厳然たる結果として残り、その数によって職責が与えられる。

　ですから、選挙に勝てばそれでよし、民意はわが方にあり、という風にはならない。

　さまざまな場面、課題ごとで、住民の意思がどこにあるかを、常に手探りをしながら進んでいるわけです。

　つまり「民意」というのは抽象化されたり定量化されたりして「こうだ」と与えられているものではなく、多種多様なコミュニケーションのなかで常に動き、熟しもすれば分解もすることによって、政治過程に決定的作用を与える、そんな推進力だといえます。

（4）選挙のテーマ設定はまちづくりにかかわる熟議・熟考から

▌熟議のプロセス

○**穂積市長** ですからもしも住民のなかで常にかっ達な意見交換が行われ、いわゆる「熟議」のプロセスが整っていれば、こうした「民意」がより可視化されるとも言えるでしょう。

　第2章で、2017年の公開政策討論会で実行委員会側にとって一番の勉強になったのは、「テーマ決め」だったと述べられています。これは実に核心的なことですね。

▌まちが直面することをどう認知しているか

○**穂積市長** 候補者の人柄や政策をよく知りたいと思うわけだが、その人物の資質なり政策路線なりが何に対して有効なのか。4年前だったらこの人で良かったかもしれないが、いま市が置かれている状況のなかでは物足りないなとか、この人はちょっと出てくるのが早すぎんたんじゃないかとか、選ぶ側はそういう判断も下します。それは自分のまちが今どんな課題に直面しており、どんな解決を求められているかをめぐる認識から下されるものです。

　その「テーマ決め」を企画・運営側、つまり有権者サイドが行う。候補者が言いたいことを聞くのではなく、市民が聞きたいことを語れ、と。

　これは従来の選挙とはもう一つ違ったステージを用意することになるのではないか、そんな期待があります。

○**鈴木教授** なるほど。そうすると、公開政策討論会というのは、現職も含めてですが、市長になろうとする人にとっては、当面の、握手をしたりとか、「お願いします」というようなことよりも、日常の振る舞いや市民との接し方、あるいは政策上の問題意識の持ち方などが、すごく大事になってくるものですよね。

（5）政治リーダーに求められるものと公開政策討論会

▌市長に期待されること

○鈴木教授　そこで一つお聞きしたいのは、公開政策討論会を制度化していくと、市長にはどのような資質を持った人がふさわしいでしょうか。

　というのは、公職選挙法で、告示後にいろいろな選挙活動をやる。とにかく、その場を乗り切ろうということですよね。それは有権者も同じで、握手を求められればつくり笑いをして「頑張ってください」で、それでおしまいで、あとは４年後なんですよね。

　ところが、公開政策討論会は、双方ともそれだけでは済まない。

▌説得と合意形成の力

○穂積市長　ちょっと大上段に振りかぶってしまうと、政治に求められるものは、大きく分けて二つあると思っています。一つは、公権力を適正に行使することですね。政治権力でもあるわけですが、その権限を行使することの責任や重さに対して、誠実に謙虚に向き合えるかどうかということ。これが一つですよね。

　それと、もう一つは、説得や合意形成の力です。これが備わっているかどうか。説得や合意形成の能力があってはじめて、民主政治は成り立つはずですから。その説得と合意形成の技術や能力、パワーが、公開政策討論会のなかでは一番試されるのだと思うんですね。その場を通じて参加者の賛同を得ていく、一定の集団的な意思を形成していく、その合意をつくる能力が、公開政策討論会のなかではふるいに掛けられると思います。

▌AIとの政治討論

○穂積市長　おそらく近い将来、政治家はAI（人工知能）とのディベートに臨むことが求められると思うのです。将棋や囲碁と違って、ルールのなかで勝ち負けを決めるのではないけれども、ありとあらゆる問題群に対して、どのような対応を取るのか、どのような回答を出すと、どのような反作用が起こってき

て、それに対してまたどのような再回答をかぶせていくのかと。その繰り返しですが、それを、AIが学習をしてくれば、政治家とのディベートができてくると思うんですよね。それで勝敗が決まるわけではもちろんないが、それを見て面白がる人たちが必ず出てくるはずですよね。

　今までは、政治家の直観や経験、決断力とか胆力とかという言葉、つまり政治リーダーを超主観的に評価してきたことによるものが可視化されてくる。これはものすごく大きなことだと思うんですね。

（6）政治力を可視化すると

▍マニフェストリストの見方

○穂積市長　実は、政策力というものも、基本は、ここのところに還元されてくるものがたくさんあるわけです。

　例えば、第1章、第2章にも書かれているけれども、マニフェストリストには載っていない問題がたくさん出てくる。災害がある、紛争がある、予期せぬ課題が出てくる。それにどう対応するか。それも実は政策リストに載っていることと全く無関係ではない。どのような政策を重要政策として選んでいるのか、それをどのような手法で実現しようとしているかは、実は危機に際してする対応と、底のところではつながっているはずなんですね。

▍説明困難なことを説明可能にする

○穂積市長　ただ、それをあらかじめ判断するのは難しい。今は説明もできない。結局は、「政治家の資質」とか、「決断力だよね」「調整力が優れているよね」とか、そういう言葉で説明してきている分野があるわけです。

　その分野は非常に重要なものだし、最後の意思決定を決める究極のファクターですね。しかし、ここはなかなか判定のしようがない。それがいずれはディープラーニングであらゆる事例をAIに学ばせることで、即応的なやり取り程度には耐えられるものが出来てくると思うんですね。

（7）政策討論の作法

▌政治討論を面白くしたシーン

○穂積市長　で、ちょっと話が変なふうに聞こえるかもしれませんが、例えば、ここ20〜30年ぐらいで、政治討論をNHK的なかしこまったものから、エキサイティングなディベートに変えた番組が登場してきましたよね。個人名を出して恐縮ですが、田原総一朗さんなんかが先鞭をつけた。

　私から見るとあれも一種のAI的なディベートですよね。非常に優れた司会役がいて、政治に関する古今東西のいろいろな知識が身に詰まっていて、誰かが「こうだ」と言えば、「いや、あの時代にはこういうことがあったが、お前、どう思うか」と。こういうふうに切り返されたときに、「それは知りませんでした」と言うか、しどろもどろに取りつくろうか、「いや、それはね、こういう問題なんですよ」と投げ返せるか。こういうことをみんな見ているわけじゃないですか。

　ごくごく一部のジャーナリストやファシリテーターが、そういう知識や技術を備えてやるから面白く見えるんですけれども、いずれは一般的な知としてAIがやるような時代が来る。そこで試されるものが出てくる。

▌政治家の「使い方」

○穂積市長　2017年にわれわれがやったのは、お互い同士だから自由なんですけど、それをAIみたいなものが媒介したり、補助機能にしたりすると、今まで漠然としていたものがはっきりと識別できてくる場合がある。私は、公開政策討論会は、そういう機能も持つものだと思っています。

　それは、ありとあらゆる論点を出されて、それに対しての回答を持っているかどうか。持っていないとしたら、どういう引き出しから、それにコミットしようとしているのかということが、その場で試されていくことです。その生きた応答で政治リーダーの「使いよう」が見えてくる。手堅く実務をこなしてくれそうな人、強いトップダウンで突破口を開いてくれそうな人など、それぞれの資質とそれが生きる場面が見えてくる。

　私は、2017年にやった公開政策討論会は、そういうもののはしりだったとも思うんですね。手づくりでやり遂げたが、見据えているのは、やっぱり新しい時代の政治をつくる、新しい選ぶ権能を市民が持つ、それを目指す場だと思うんですけどね。

（8）政策討論にのぞむ市民の文化

▌当事者意識

○鈴木教授　なるほど。新城市で2017年というと、若者議会、中学生議会、女性議会、地域自治区制度などが軌道に乗り、庁舎建設の住民投票も経て、多様な人々が意見表明したり地域活動するようになって、それぞれ当事者たちが新城市の未来に対して問題意識を高めていく時期でもありましたね。

　そうした経験の上に、今度は市長立候補予定者の政治姿勢を目の当たりにできる機会を作ったわけですね。当事者意識や市民自治意識を育んできた市民・住民にとっては、ものすごくわくわく感が生まれてくるイベントになったのではないでしょうか。

▌市民は「お客様」ではない

○鈴木教授　かつての市町村合併であるとか、大きなイベントがあって、いわば問題関心を外から与えられたのではなくて、内なる問題関心が生まれてくる。あるいは、日常悶々とするという時間が与えられた。そのなかで、それに対する答えを出していく場面が起きてくるわけですよね。そうなると、いきおい「何を言うんだろう」と、前のめりになっていくのは当然です。

　ですから、今回の公開政策討論会は、ある面、4年間、市民・住民にわくわく感や、非常に悶々とした疑問や、あるいは実践行動や、そういう機会を設けてもらって、そして、そのなかで、いわば市長を選ぶ際の判断基準を醸成していってもらうというかな。そして、いよいよ討論会があると、そこにぐっと前のめりになって関心を持ってもらう。そんな機会になるのではないかなと聞いていて思いましたけれどもね。

ですからいかに日常その種をまいて、そして、育てる機会をつくっていくか。また、ただ提供するだけではなくて、そこに常に出掛けていってきめ細かな市民との対話とか、向き合い方ができる人でないと、つまらないということになってきますよね。ましてや、「駄目だ、駄目だ」と政策批判をするだけだったら、もうAIは簡単に見抜いて、市民も見抜いてしまいますよね。

5. まちづくり×選挙──ハイブリッド条例の本質 ──市民自治会議での議論をとおして

（1）「主権者教育」という視点

「選挙の前に主権者教育を」の考え方

○鈴木教授　続いて主権者教育ということについてお伺いしたいです。

公開政策討論会の目的が、市政への参加の促進とか知る機会をつくっていくということに置かれているわけですが、そのことを重要だと議論していくなかで、やはり市民自治会議のなかで、別の意見もあったわけですね。いくら制度を立派なものをつくっても、そこに関わる市民の意識が醸成されていなければ意味がないと。

例えば、投票権を18歳に下げた段階でも、その話はありました。今回の市民自治会議のなかでも、やはり委員のなかには、そのような意見を言う人もいました。

主権者教育というのは、選挙のためにやるべきなのでしょうか。あるいは選挙ではなくても、日常の市政への参加をしてもらうためにも、主権者教育は別に設けて取り組むべきなのでしょうか。また、それは誰がやるべきなのでしょうか、そのあたりについて考えたことはありますか。

○穂積市長　主権者教育という場合に、二つの面があると思うんですね。

一つは、まだ有権者年齢に達していない人に、どのように社会の仕組みを伝えて、主権を行使することへの自覚を高めていくのか、大人が子どもに対する指導という教育的な意味があると思います。

▌市民同士の問いかけと政治からの応答

もう一つには、有権者のなかの問題。自覚をした市民は、そうは思えない市民をもどかしく感じるわけじゃないですか。なんで、こんなことを一緒に考えてくれないんだと。あるいは、もっと自覚を持って選挙に行くべきだと。そういう側面から主権者教育が語られる面と、二つあるなと思うのです。

後者のほうに絞って言うと、私自身はそれが今度の公開政策討論会に直結していることとは、あまり考えてこなかったです。

先ほどの投票率のこととつながってきますが、選挙に行かない、政治に無関心であるには、無関心であるなりの理由があるわけです。

もちろん教育の及ぼす作用は大きいとは思うんですよ。小さいときから、選挙には行くべきものだと言い続けられていけば、人間はそういうふうに反応しますから、その意味での若年期における教育はすごく重要だと思います。

しかし、それが長じて大人になり、社会の利害関係のなかに置かれてから、「教育」作用で啓発されることで主権者意識が高まっていくのは、そう簡単ではないと思うんですね。

その簡単ではないことを料理するのが政治の役割と言える。

（2）多様な利害、多様な価値観が入りくむなかで公共空間を編み上げていくこと

▌政治はたえず暫定評価で動く

○穂積市長　つまり、政治に無関心な人たちの利益、政治に無関心であったとしても、世の中を支えている人たちの利益、立場、暮らしを守っていかなければいけないわけで、投票してくれた人にだけ提供する政治サービスではないわけですよね。

ですから、市民同士のなかでは「もっと自覚を持て」というのは正しいアプローチだと思うんだけれども、私らの立場からすると、今の現状の上で、なおかつ大多数の人々の利益や権利、暮らしをどのように守り、改善していくのかということになってくる。

投票結果は、一定の人物、一定の政策目標が、相対多数の支持を得て、この方向で取りあえずやらせてもらいますということが承認されただけですね。

さしあたって４年間はやらせてみるしかないものだから、やらせてみようと。そういうサイクルですよね。そこの過程のなかで、できるだけ多くの人に、市政に関心を持っていただく、あるいは意見を持っていただくことが、われわれの務めだと思うんですね。

ですから、常にアンテナを張り、住民意思を確かめながら、政治をやっていくのは当然のことながら、それが、いわゆる主権者教育ということによって、何かが解決されるかというと、そうとも思えない。

▍多様性で成り立つ社会

ちょっと分かりにくいかもしれませんが、それぞれの暮らしのなかでの選択として、政治でしか解決できないこともあるものだから、その場合には自分たちなりの判断をして意思表明をしてくれると、政治がより効果的な力を発揮する。なぜかというと政治がかかわることはすべて公共空間に関することで、そこでは社会の全構成員に影響が及ぶからですね。

政治が常に身近にあって、四六時中、政治を考えているのは政治プロしかないわけです。それぞれの暮らしのなかで、政治に割く時間や労力がどの程度かは、人それぞれの置かれた環境によって違う。

ただ一つ言えるのは、旧来のように一定の所属団体とか、階層とかによって、政治利害がくっきりと分かれているわけではないということです。労働組合だったらこの政党とか、商工団体だったらこっちとかというふうにきれいに分かれているわけじゃないし、それによって投票行動が決まってくるわけでもない。人それぞれの暮らしのなかでは、多様な価値判断が渦巻いていますから、あるときには野党がいいな、あるテーマでは与党がいいなと。そんなことの繰り返しが、普通の状況だと思うんですね。

（3）市民の知る権利と機会を広げる場としての公開政策討論会

▌条例審議が座礁しかけたとき

○鈴木教授　市民自治会議のなかで、主権者教育については、ずいぶん議論の時間があったのです。主権者教育が制度化され、そして、その効果が出ない限りは、この公開政策討論会を条例化しても意味がないというようなところまで話が向かっていったこともありました。

　先ほど、投票率の話がありましたが、それとの関係で言うと、例えば、その主権者教育を学校でやるべきだというわけですよ。中学校でやるべきだ、高校でやるべきだ、さらには、大学でもやるべきだとなった。

　今回の公開政策討論会も、有権者が選ぶ基準を明確に持てるように、そういう勉強会を志向するような話にまでいったんですよ。面白いなと思う半面、怖いなという意識を持ったんですね。むしろ、特別なことをするのではなくて、新城市の今までの市政のなかで、市政に関心を持ってもらうために設けてきた様々な制度があるので、それを検証して、そこで住民の意見なり住民間の議論なりがどのように行われてきたのかを見える化して、そこにある課題を克服していくことが、実はもっと大事ではないかという話に再整理していったこともあったんですね。

　ですから、公開政策討論会は、市民の市政への参加を促し、知る権利、知る機会をたくさん保障していく場、そうやって、市民自治を促し、住民の意思も育んでいく機会だろうと思います。その結果として、投票行動が生まれてくるのだろうと思います。そういう方向でよろしいですか。

（4）市民自治の可能性を広げるチャレンジへと

▌条例の原理をすえる

○穂積市長　だと思います。むしろ、鈴木先生にお聞きしたいのは、その転換がどうやって図られたのか。

○鈴木教授　結論的に言うと、市民自治の可能性を追求していくことが大事だという理解を共有したことですね。

　市民の自治力がまだ十分ではないから、公開政策討論会の制度をつくっても活かせない。だからこういう制度づくりを急ぐ必要はないのではないか、という意見もありました。

　つまり、主権者教育のあり方がはっきりしないがゆえに、公開政策討論会制度を否定するための論法が生まれ、広がっていってしまうんですね。やっぱり住民の中にも投票に行こうとしない人、そもそも政治や投票に無関心な人がいる。そんな状況の中で、政治活動を語り合ったりするための制度をつくっても意味がない。だから、そんなことに時間を費やすことが果たしてよいことなのかどうか、といった考え方を強調する意見も出てくるのです。

　だから、そうではなくて、公開政策討論会は、市民の参加の機会をつくる、知る権利を保障することを目的に開催するものであり、住民の意思をつくっていく、市民の意思をつくっていく機会であると説明しました。まちづくりのためのプロセスそのものでもあるのだから、むしろ積極的に取り組むべきではないかと提案したわけですね。

　選挙のためと考えると、非常に難しい問題が出てくるけれど、そうではなく、まちづくりのための市民自治活動を活性化するための手段として公開政策討論会を捉えてもらうようにしました。

（5）条例審議のターニングポイント

▌「選挙のあり方を問う」だけでは条例策定はムリだった

○穂積市長　それが、今回の大きなターニングポイントだったと思うんですね。

　私が最初に発想した公開政策討論会条例は、基本的には選挙というものを強く意識したもので、今の公職選挙法の体制のなかでの選挙のあり方、冒頭に言いましたように、選挙の有りように多くの国民は満足していないと。いろいろ議論があるだろうが、この一点において、こうした試みは何らかの問題提起になるはずだと。また、2017年にやったものをただのエピソードに終わらせずに、何とか定着させたいということで条例化を提起したわけです。

　その後のいろいろな議論を見ていくと、この一方向からだけだと、ものすご

く難しかったなと思っています。

■ 「まちづくり×選挙」が視界を広げてくれた

○穂積市長　ではわれわれが、どこで活路を、突破口をつくっていくんだというときに、今、言われた市民自治、まちづくりの一つだと。市民の参加や知る権利・機会を拡大する一つの場だというふうに、市民自治会議としての立場が固められていった。

それがなかったら、条例の柱をつくっていくことは難しかったでしょう。条例を審議した2020年6月市議会での質疑・討論を見ても、選挙活動や政治活動という一方向だけにこだわるならば、なかなか答えの出ようのない問題だったと思うんです。なんで行政が政策討論会を主催する必要があるんだ、というこの点ですかね。

そこに市民自治、まちづくりということでの太い足場をつくった。

ですから、いわゆる参政権といいますか、投票行動の問題と、それから、まちづくりへの参加行動と、両者に違いはあるわけですが、結局、この条例は、その二つの抱き合わせの条例で、いわば2つの推力をもったハイブリッド型条例なんですよね。

狭い意味での有権者の投票行動にある種の作用を及ぼすことも期待されている。

それともう少し広い枠のなかで、市民の参加、知る機会、市民自治の可能性、これ自身がまちづくりだという、この二つが抱き合わさった条例なので、この両面を評価していただかないと、この条例の正体が見えないと思う。

（6）「一粒で二度おいしい」

■ 若者委員の放った一言

○鈴木教授　今回、そこで、ちょっと面白い意見が市民自治会議のなかで出たのです。「一粒で二度おいしい」と。それは若者議会経験者の若い女の子が言ったことでした。

　普段だと、「そんなところに行くな」と親は言うらしい。選挙の立候補予定者がどんな考えを持っているかを聞きに行くなんてもっての外だと。素性がばれちゃうし、周囲から何を言われるか分からないと。世間体を気にする親からすると、息子、娘が演説会のような場に行くなんていうことはあり得ないと言われたそうです。

　でも、2017年の公開政策討論会では3人が市長立候補予定者の立場で集まっただけなので、誰を支持するしないは関係ない。その上で、3人の話が一度に聞けるわけだから、気持ちも楽だし、将来の市政をどうしようとするか、自分の問題意識と照らし合わせて予定者各々の人となりを比較観察できるわけです。

▎この場だからこそ見えることがある

○鈴木教授　「一粒で二度おいしい」の、もう一つは何かというと、普段、新城の地域活動に参加していて、すごくいろいろな疑問を持つようになったり、あるいは、自分たちが、これからまちづくりのなかで果たすべき役割とかを考えるようになった。そのことをめぐってテーマが出ているので、どんなことを将来の市長さんは言うのか、そこで自分たちとつながるのか、それとも、やっぱりつながらないのか。政治の舞台と市民活動がつながるのか、つながらないのか、それを見極められるというふうに言ったわけですよ。

（7）まちづくりと代表者選び──2本の糸口

▎核心に切り込む

○穂積市長　それが、まさに本質ですよね。この条例というか、この場のね。
○鈴木教授　だから、普段のまちづくりをやっている人たち、行政区や町内会、消防団やPTAに関わっていたりして、地域の公共性に関心を持つ人たちからすれば、公開政策討論会はぐっとひきつけられるイベントになるわけですね。

　その結果、そのわくわく感が有権者であれば選挙行動につながるし、有権者でなくても、新城市って何か面白いことをやっている、あるいは関わってみたいとか、将来住んでみたいとか、そんな意識になって、市政につながっていく

かもしれない。

▌若者が審議に加わったことの成果

○鈴木教授　こうしたことを若い女性の委員に市民自治会議のなかで、ズバリ言われたんですよ。だから、先ほど話したような、主権者教育をどうすべきか、主権者教育のあり方がしっかりしていなければ、公開政策討論会をやる意味がない、という考えは当たらない、という方向に議論の流れが変わっていったんですね。

　ベテランは、どちらかというと選挙権の行使につながるか否かにこだわる傾向があったけれど、若い世代はそうではない。もっと柔軟だし、広い視点を持って公開政策討論会の意義を語ってくれたように思います。

（8）まちづくりが政治づくりに結びつく

▌市民活動と政治

○穂積市長　それこそ、この条例の本質的な狙いのところになると思うんですね。誤解を恐れずに言えば、この試みは、市民自治活動、あるいは地域住民活動と政治権限とを結ぶ一つの回路なんですよ。

　私としては、市長就任以来、住民自治・住民主役のまちづくりを標榜しながら、いろいろな制度をつくってきたし、進めてきた。そして、職員もそれをよく理解して進めてくれた。ただ、政治あるいは政治権力というものは厳然としてあるわけで、そこにノータッチでいる限りは、その市民自治は、本当の意味では果実を結べないじゃないですか。だけど、そこは避けておこうという意識が強い。

▌政治を不可侵領域にしない

○穂積市長　ところがこの討論会は、市民が政治権力の所在にいきなりアクセスするんですよ。誰にその権限行使を委任することが自分たちの将来利益に一番叶っているのかを、テーマ設定ごと見きわめる。

　そこには当然可能性もあればリスクもある。取り扱いには細心の注意をはらい、法務班や警備班はちゃんと控えていながら、その場そのものはみんなのお祭りのようにして楽しみ、盛り上げていければいい。

　経験を重ねていけばいろいろな問題が出てくると思います。政治はとどのつまり権限なり権力を誰が担うかをかけた争いなので、敵味方がどうしても出てくる。それをそのまんま持ち込まれては仲良くやれないし、まったく無視しても平板な展開になってしまう。

　あるナマナマしいものを飲み込んだ上で、整然と討論が進行し、けれどその結果はナマナマしいものに多大な影響を及ぼす、そんなサイクルの醍醐味を市民がみずから味付けし、堪能する——こんな場を仕切れる市民がいるまちの未来が明るくならないないはずがない。

6. 「地域起点の民主主義」

（1）オープンソースとしての公開政策討論会

▎中学生にも参加権がある

○鈴木教授　そろそろ、まとめに入っていきたいと思いますが、この公開政策討論会は中学生でも参加できますね。年齢制限もありませんでしたね。

○穂積市長　ありません。

○鈴木教授　2019年度の中学生議会から、自分たちで何ができるかという、いわば自助・共助・公助のなかの自助の部分について話し合って、そして、政策提案をするように変わりましたね。従来の、こうしてくださいというお願いではなくて、自分たちなら何ができる、何をしたいと主張する場に変わりました。そういう思いを持った子たちが、例えば、お年寄りの福祉のこと、とくに認知症の介護・介助へのかかわり方について、中学生議会のテーマにしても大丈夫なんですね。

　市長は、2005年の当選以後、いろいろな市民自治の制度設計を行い、導入してきました。中学生議会、新城市内10地区の地域自治区制度、若者議会、女性

議会、産業自治推進協議会など、新城市のいろいろな課題を市民自治の現場から解決していこうとする制度ばかりですね。こうした制度にも関心があれば、若者たちも参加していって良いわけです。

▌ 運営側に入ったら異次元の体験ができる

○穂積市長　当然です。むしろ逆に運営側に、そうした世代の声が入ってくると、もっといいものになると思います。その子たちから、市長選挙で政策討論会をやるんだけど、どのようにしたら、例えば、中学生や高校生にも興味を持ってもらえるか、テーマだけではなくて見せ方とか、周知の方法だとか、全く発想が違うものが出てくると思うんですね。

　選挙期日が決まると公開政策討論会の実行委員会が本格的に動き出すわけですが、そうした有権者ではないが市民である人たちが入ってきて、では、今回の公開政策討論会をどうやったら意義のあるもの、また興味を持ってもらえるものにできるかということを考えていったときに、新しいものができてくる。

（2）誰もが地域民主主義の主役になる

▌ 協働の力を総結集させて

○鈴木教授　投票するとかしないとかに関係なく、市政の様々な問題を考え合ったり、参加し、行動していくことを応援する自治の制度をこれまで市内につくってきましたね。

　地域自治区も地方自治法上の一般制度で始めてきましたが、地域の皆さんが、いろいろな親睦活動や自治活動を経験し、自分たちにもできるという自信を持ったりしています。逆に、挫折や批判も経験してきました。地域のいろんな人の生活に関わる課題に関わって苦悩したり、みんなで助け合って成し遂げたりするという経験もするようになりました。そうすると、自治法に位置付けられているか否かは関係なく、市の条例を根拠に、市民が主役のまちづくりにとって最適な話し合いや実践の場であることを求めていくようになるかもしれません。

　そういう市民自治のあり方を、市長立候補予定者にテーマにしてもらい、公開政策討論会で議論してもらえるよう提案することもできるわけです。つまり、地域発の民主主義を、みんなが持ちだしていくことができる機会になるわけですね。

▌市民自治の金字塔として

○鈴木教授　市長は「地域起点の民主主義」を標ぼうし、住民自治の熟議が大事だということをおっしゃってきた。今回の公開政策討論会の条例化の検討は、これまで個々のテーマでやってきたことを、いよいよ市政全体の方向性をどうすべきか、新城市の民主主義を具体的にどう考えているかを語り合える、聞いてもらえるチャンスになりますね。

　日常生活で感じる疑問点、学校や職場で抱くようになった問題意識を、市政全般の課題に転換していくチャンスを、市民のためにつくり上げた、それが公開政策討論会だと思います。

　市長がブログで今度の条例は「市民自治の一つの金字塔であるとさえ思える」と書かれていましたが、深く共感するところです。

7. 地方制度のあり方と自治体職員の行動様式

（1）総務省「自治体戦略2040構想」

▌自治体職員に迫られる行動変容

○鈴木教授　では、最後に、公開政策討論会が行政職員の仕事の仕方をどう変えるかについてうかがいたいと思います。

　公開政策討論会は、住民の自治活動を活性化して、いろいろな地域活動を通じて市民参加を促していくことを期待しています。そうすると、将来、行政職員の仕事の仕方はどのように変わっていくのでしょうか。

　市政への参加を促し、知る権利なりを保障する、あるいは知る機会をたくさんつくっていくとなると、行政に対する問題関心がものすごく高まっていくよ

うになります。つまり、市役所にしょっちゅう来るようになるかもしれないし、来なくてもメールで相談があったり、情報提供を求めたり、情報媒体を駆使して市民が市政へのアクセス、参加の機会を増やしていく可能性があります。そうすると、市役所の職員の働き方、行政運営そのものが、かなり変わってくるかもしれません。

▌国が求める自治体像はベンチマークたりうるか

○鈴木教授　一方、政府は「自治体戦略2040構想」で、日本全体で地方自治体の職員は半分になる。それでも行政サービスが提供できるように、AIやIoTを駆使した「スマート自治体」にすると述べています。市町村行政の外からの力を働かせ、合理化・効率化していこうとしています。

　新城市の取り組みは、このような国の業務合理化とか、効率化の動きとは違うように思えます。どうでしょうか。

（2）地方制度を構想する国の遺伝子──機能論先行

▌求められる機能から組織を構想する

○穂積市長　政府の地方制度に関する、それぞれの時代を画する考え方が、合併論であったり、道州制だったり、いろいろ出てくるわけですが、今度の圏域論なんかも同じ文脈のなかに出てきていると感じます。

　明治以来、常にある種の機能論ですよね。自治体がどのような機能を果たすのか。こういう機能を果たすために、こういう組織であるべきという誘導方向を示し、そのための法制や財源を用意する。

　明治であれば金納の納税制度を整える、義務教育をやる、徴兵制をやる、戸籍制度を整備する、そのために身近なところに地方行政機関を置く。戦後は、学制改革や地方税制の整備、地域経済開発の必要と憲法上の要請もあって地方自治体を大事にしましょうという自治法体制がつくられてきた。

　今は人口減少というなかで、かつ東京一極集中、地方消滅というなかで、地方自治体がどうあるべきかという機能に絞ってみた場合に、職員が半分になっ

てもやっていけるスマート自治体論と圏域行政論になった。

　地方制度に関する、国から出てくる議論のDNAは基本的に機能論で貫かれている。

　一方で地域からは、「冗談じゃないぞ」というのが必ず出るわけですよね。地域の実情や頑張りを無視するのかという反発が出てきて、その折り合いのなかで時代ごとの制度がつくられてきた歴史だと思うんです。

▎自治のコスト

○穂積市長　私は、今度の公開政策討論会にしても、市民自治にしても、合理的な機能論からいったらば、えらく手間暇も掛かるし、面倒だ、代表制を基軸にしている以上それをもっとスマートなものにすれば済む話ではないかという反論も成り立つと思うのです。

　先日ある新聞社の方が取材にみえて、大阪都構想の取材をずっとしている方ですが、このなかでは成長戦略だとか、二重行政を排した効率化だとかとの議論が主軸になっているが、新城市でやっている地域自治とか住民自治はどのように見たらいいんでしょうかとの質問だった。行政合理化論や統治機構論をベースにすると住民自治論は余計なもの、よくて付随的価値に見えるのだが、どこに価値観を見いだしたらいいのかというのが問題意識のようでした。

　私は当地でのいろいろな実例をあげながら、「簡単に言えば"楽しい"ということじゃないですか」と言ったら、ずいぶんと納得されて帰っていかれた。

○鈴木教授　楽しい、ですか。

（3）豊かさは暮らしを楽しむ力に比例する

▎秘められた価値

○穂積市長　楽しいとはどういうことか、人間の精神を解放するということですよね。可能性を解放するということです。

○鈴木教授　いい言葉ですね。

○穂積市長　その装置が"まつりごと"だということじゃないですか。昔の祭

りは、日常の苦しい農作業や工場労働などのはけ口としてあって、無礼講をやらせていただきます、その間はお上も黙認しましょうと。そういう装置だった。

今は、むしろもっと変わってきて、今度のコロナでも、ますますそう思うわけですが、豊かさとは、要するに暮らしを楽しむ力だと思うんですよね。多様な意味で、それぞれの価値観に基づいて、暮らしを楽しむ力を持っている社会は豊かな社会だけれども、どんなに合理化されて、機能化されても、暮らしを楽しむ力のない社会は、結局、先細りするしかない。あるいは統制監視社会になるしかないでしょう。こういう状況だと思うんです。だから、「不要不急」のものを存分に楽しめるようにしたいわけじゃないですか。ポストコロナではそれを、また新しく求めていくと思うんですね。

楽しさにはもちろんあらゆるものがあり、人によって違う。そのなかで、人と人をつないだり、いろいろな人の力を結集して、何か御輿を担いでみたり、自分の地域のことをあれこれ考えて改善をしてみたり、政治に対してものを言ってみたり、そこに楽しみを見つけていく人たちが出てきている。それが地域自治区制度や若者議会のなかで生まれてきた新しいものです。

▌まちづくりは楽しい

○穂積市長　そのどこが楽しいんだと思う人も多数いるが、無上の喜びと感ずる人もいる。まちづくりが楽しみになり、それが日常のなかで息づいていくのが、これから目指すべき自治だと思うんですね。

そのなかでは、人間の眠っていた可能性や能力が大きく解放されたり、開花されたりするので、また新しいエネルギーが生まれてくる。これからの住民自治は、やはり、そういうものを目指すべきではないかなと思うんですね。

数年に１度やる選挙も「おまつり」だが、もっと日常の社会関係のなかで実感できるやりがいや喜び、解放感や充足感を味わえる場をつくっていくことができる。

それが、効率論、機能論で行政再編をしていくのに対して、違うところから自治というものを構築していく道ではないかと、私はそんな風に考えています。

　だから、公開政策討論会そのもの以上に、それをつくる過程に、いろいろな世代、階層の人たちに参加してもらって、どうしたらみんなが楽しめる場にできるのか、どうしたら興味を持ってもらえる場にするのかということに知恵を絞っていくと、全く別の舞台シーンができてくる。その演出に候補者が従って、それに沿って演じられれば、これはもう立派な政治的立ち振る舞いとして評価される。

（4）機能論と拮抗するもう一つの軸足を求めて──自治体現場から

▌自治不要論

○鈴木教授　なるほど。機能論から縮小再編の必然性を説いてくるのが、これまででしたよね。

　そこで、例えば、森さん、職員は予算上、もうこれ以上増やせないとか、あるいは国の一つの基準があって、もうこれ以上は増やせない。逆に、もっと減らしていくべきだというような話に持っていかれるのは、何とも、仕事をやってきたことが認められなかったりとか、一方的に押し付けられるような印象があるじゃないですか。

【この対談には進行補助として前新城市職員で公開政策討論会条例を担当していた森玄成氏が立ち会っていたところ、鈴木教授があえて発言を求めた】

○森　ええ。

○鈴木教授　今回、この公開政策討論会、今、市長が言われたように、市民がいろいろな日常の生活に不満や希望を持ち始めて、それを中学生議会、若者議会、女性議会や地域自治区、とか、いろいろな場で発言して、市のほうにアクセスして、公開政策討論会にも出されてきたりしたら、職員からするとどうなんでしょうね。どのように受け止められますか。面倒くさいのか、それとも自分たちの今までやってきた仕事が問われて、逆に面白い、意義を感じるのか。そのあたり、どのような方向に転換していくんでしょうね。

▌地方交付税算定基準には入っていない

○森 私の本当に個人的な体験というか、感じなんですけど。中学生議会も若者議会も女性議会も、別になくてもいい制度なんですよ。国から言わせると。地方交付税の算定基準にはないわけですから。財政課からすると、余計なことをやるなということにもなる。

　国も、全国の自治体に対して期待するもの、機能として備えるべきものに、そんなものは求めていない。求めていないものをやるから人が足りないと言うのであって、だから、やらなければいいじゃないかという結論になりかねない。

　それを背負って、でも、やっていくと楽しくなるのは事実なのです。若者議会のメンバーたちが、先ほどの「一粒で二度おいしい」じゃないですけど、見る見る変貌していって、ああいう本質にズバリと切り込むようになる。新城市にとって大きな財産になっていく、それを僕らは肌身で分かるので、大変な労力ではあるけれど、意義、やりがいはすごく感じます。

　市民が主役のまちづくりに手応えを得る一方、国を主軸とする地方自治論があるとすると、僕らはちょっと外れたことをやるので、どうしたものかなと。ずっと未消化な感じは残っていましたね。

（5）地方自治の「伸びしろ」は住民意思から

▌国と地方は対等な関係なはずだが

○鈴木教授 地方自治って、国が別に取り決めておこなうものでもないんですよね。けれど国が予算で縛って、運用基準をつくって、「自治体はこれこれの機能を果たせばいい」と暗黙に言ってくる。

　他方で、国と地方は対等であると、表向き言っているじゃないですか。であるならば、確かに予算制約上のやらなければいけないことや、法定上やらなければいけないことは当然あるにしても、それを超えたものが、法律に違反しない限りにおいては、自由にやってもいいということであるはずなんですよね。

　そこのところを、なかなか職員では決めかねるところもある。市長が道を開けば、それに乗っかって取り組むことができる。

▌市民価値から再構築してみる

○鈴木教授　でも、一番の味方は、やはり市民だと思うんですよね。市民が「そんな無駄なことをやっているんだったら、もうほかのことをやってくれよ」なんてなってしまったら全く意味がないし、やる気がなくなってしまう。市民が、地域自治区、市民まちづくり集会、若者議会、女性議会、中学生議会などを利用して参加し、自分にできること、市がやるべきことなど、相談事が生まれてくると、それはもう通常の予算に縛られた範囲での業務をはるかに超えていますよね。

　それは同じ市に暮らす、その市の仕事をやる職員からしたら、確かに面倒かもしれないけれども、すごく刺激が大きいのではないかなと思う。むしろ、市民が味方となって、市民とともに自治を担っていくのは、これからの時代のあるべき姿ではないかなと思うんですね。

（6）新たな価値は足で稼ぎ出す──行動団体としての自治体

▌市民自治のキーパーソン

○穂積市長　そうですね。法定事務でもなければ交付税算定にも入っていない、必要な予算措置もわずかしかない、でも、非常に意義があり、喜びもあり、市民も受け入れている事務をより強くやろうと思うと、何を動かさなければいけないか、結局足を動かすしかないわけです。

　それは地域協議会でもそうだと思うんです。当初地域自治区は、行政も人が足りなくなったから「地域側に負担を押し付けるんじゃないか」と、その反発が非常に強かったけれども、やっていくうちに地域協議会の皆さんが、それに楽しみや手ごたえを感じ始める。その転換があって、そうすると自然と足が動き、足で稼いでいくというサイクルが出来上がってくる。

　足を使う以上はエネルギーも要るし、時間コストも無視できないけれども、そこはやりくりしてやっていく。それぐらいの余力は日本の社会にあるから、みんなできていると思うんです。

▍地域社会の力を解き放つとき

○穂積市長　結局職員も、足で稼いでいきましょうとなるわけです。地域の可能性を足で拾い集めてくる。そうすると、徐々に自治体が、地方公共団体が行動する団体になっていく。市民とともに行動する団体。今までは1カ所で、役所にいて、みんなここに来てください、申請を受け付けましょう、補助金を出しましょう、管理監督させてもらいます、規制も加えます。

　そういうものであったのが、新しい価値を稼ぎ出すために行動する団体になっていけば、機能論や財政論では見えないものが立ち上がってくるし、それぐらいの給料は公務員はもらっている。

○鈴木教授　そのあたりは非常に重要なポイントで、市の職員は、解雇されるわけでもない、安定しているとか、そういういわば財政的身分的な保障の面から評価されたりする傾向が強いのですが、決して、そういうところではなくて、住民・市民と向き合うなかで、市政に関する課題を議論したり、いっしょに活動したりして、人としての能力を開発し、発揮できる創造的な職務が行政なんだと、言うことができるんじゃないかと思うんですよね。

　そういう市政づくりに道を開いたのが、公開政策討論会だと思います。だから、条例化の意味はすごく大きいと思いますね。

○穂積市長　同感です。

○鈴木教授　いよいよ来年（2021年）ですね。来年に向けて、これは決まったことですので、職員も、担当課だけではなくて全職員がそういう意識を持って向き合っていかなければいけない。公開政策討論会という制度の運営が大切な時期を迎えますね。市長、お忙しい中、どうもありがとうございました。

Ⅳ 新城市市長選挙立候補予定者公開政策討論会条例と解説

第1条　趣旨

第1条　この条例は、新城市自治基本条例（平成24年新城市条例第31号。以下「自治基本条例」という。）第14条の2第2項の規定に基づき、市長選挙立候補予定者公開政策討論会（以下「公開政策討論会」という。）の実施に関し必要な事項を定めるものとする。

【解説】

　新城市自治基本条例では、市民が主役のまちづくりを宣言している。この条例は、自治基本条例に基づく条例である。そのことを明確にするため、新城市自治基本条例「第6章　参加の仕組み」の第14条「参加」のあとに、市民の多様な参加の機会の一つとして公開政策討論会の開催・実施を「第14条の2」に追加している。

第2条　公開政策討論会の開催

第2条　市長は、その任期満了の日の50日前の日から選挙の告示の日の前日までの間のいずれかの日に公開政策討論会を開催するものとする。

【解説】

　公開政策討論会をいつ開催するか、について定めている。任期満了の日を基準として、過去の選挙期日や告示日、2017年度の公開政策討論会開催日を参考にして、50日前と規定している。

　公開政策討論会は、任期満了、辞職及び死亡のいずれの場合でも開催するものとする。市民の知る権利、市政参加権に対応した制度なので、立候補予定者が一人の場合でも公開政策討論会を開催するものとする。

第3条　基本原則

第3条　公開政策討論会は、立候補予定者（市長選挙の候補者となろうとする
　者をいう。以下同じ。）の市政に関する政策及びこれを実現するための方策に
　ついて、市民の理解を深めることを目的として行われるものとする。

2　　公開政策討論会に関係する全ての者は、公職選挙法（昭和25年法律第100
　号）第129条の規定に違反しないよう留意しなければならない。

3　　立候補予定者は、公開政策討論会の趣旨を理解し、これに参加するものと
　する。この場合において、参加の申出は、立候補予定者の意思に基づくもの
　とし、不当に義務を課するものであってはならない。

4　　公開政策討論会の開催に必要な手続及び運営は、公平かつ公正に行われる
　ことを基本とし、市民の視点で分かりやすい内容及び方法で行われるものと
　する。

【解説】

　公開政策討論会を開催するに当たっての基本原則を定めている。

　①この制度は、公開政策討論会を開催することにより、市長となる人の政策
や人となりを知ることができ、市政に関する政策及びこれを実現するための方
策について、市民の理解を深めることが基本目的である。その結果、「選挙への
市民の関心を高めること」にもなるが、この条例は、選挙のためではなく、あ
くまでも「市政に関する政策・方策について市民の理解を深める」ことにある。

　②公開政策討論会は、公選法に違反しないように行うのは大前提であること
から、「公職選挙法第129条の規定に違反しないよう留意しなければならない」
との規定を基本原則に入れている。また、これに留意すべきは、立候補予定者
のみではなく、傍聴者、主催者（実行委員会）も含むべきであることから、「関
係する全ての者」を対象としている。

　③何人も政治活動の自由が保障されている。立候補予定者は、公開政策討論
会への参加を強制されるものではない。あくまでも、この条例の趣旨を理解し
て立候補予定者は公開政策討論会へ参加するものである。

　④公開政策討論会の手続・運営等は、公平かつ公正に行うものとし、市民の

視点で分かりやすい内容及び方法で行うことも明示している。この制度が、「市政に関する政策・方策について市民の理解を深める」ことが基本目的だからである。

第4条　開催予定日等の決定及び公表

第4条　市長は、第2条の規定により公開政策討論会を開催しようとするときは、市民自治会議（自治基本条例第24条第1項に規定する市民自治会議をいう。以下同じ。）の意見を聴き、開催予定日、開催予定場所その他公開政策討論会の開催に関し必要な事項を決定し、これを公表するものとする。

【解説】

　市長は、市民自治会議に諮問し、公開政策討論会の開催日、開催場所等を決定するものとします。これは、市長のみの判断で、これらを決定することを避ける目的がある。

　なお、決定・公表された開催予定日は、第5条「参加の申出」の期限等の根拠として重要な基準日となる。

　また、開催場所は、新城地区、鳳来地区、作手地区で開催するなど、市民が参加しやすい方法を心がけるものとする。

第5条　参加の申出

第5条　公開政策討論会に参加しようとする立候補予定者は、前条の規定により決定した公開政策討論会の開催予定日（開催予定日が複数ある場合は、最初の開催予定日）の30日前までに、次に掲げる事項を記載した申出書に必要な書類を添付して市長に提出しなければならない。

(1)　住所、氏名及び生年月日

(2)　参加を希望する公開政策討論会の開催予定日及び開催予定場所

(3)　市政に関する政策及びこれを実現するための方策に関する事項

2　前項の規定により申出をした立候補予定者は、公開政策討論会の議題を提案することができる。この場合において、当該立候補予定者は、同項の規定

による参加の申出に併せて、提案の内容を記載した書面を市長に提出するものとする。

3　公開政策討論会に参加しようとする立候補予定者は、第１項に規定する期日後であっても、次条の規定により決定した公開政策討論会の開催日（開催日が複数ある場合は、最初の開催日）の７日前までに、第１項に掲げる事項を記載した申出書を市長に提出することにより、公開政策討論会に参加することができる。

【解説】

　立候補予定者が公開政策討論会へ参加するための手続を定めている。公開政策討論会の開催予定日の30日前に申出をする場合と７日前に申出をする場合では違いがある。

①　立候補予定者は、公開政策討論会の開催日の30日前までに、参加申出書を提出するものとする。

②　30日前までに参加の申出をする立候補予定者は、議題としたいテーマを提案することができる。

③　30日前までに参加の申し出をしない場合でも、公開政策討論会への参加は、公開政策討論会の７日前までに申出書を提出することにより参加することができる。その場合は、申出書のみで、公開政策討論会の議題は提出できない。

　　これは、直前に立候補を表明した立候補予定者にも、申出の意思があれば、公開政策討論会への参加の機会を広く保障する趣旨で規定するものである。

　なお、パブリックコメント案には、平成29年度の公開政策討論会において各陣営から推薦人を出し合って実行委員会を結成し運営したことから、「立候補予定者は、陣営から運営に参加する人の推薦書を提出する」と解説されていたが、このことについては、条例ではなく、規則に記載されることとなる。

　2017年度に行われた新城市方式の運営方法は、今後も、基本モデルになると思われるが、運営方法は、時代に応じ、状況に応じて変化していくはずである。

そこで、運営主体として想定している市民や学識経験者等で組織する実行委員会が考える運営方法の検討結果を速やかに反映し運営するため、規則に委ねるほうが妥当と考えた。

第6条　開催日等の決定及び公表

第6条　市長は、前条第1項に規定する期日が経過したときは、開催日、開催場所及び議題の決定をし、直ちにこれを公表するものとする。この場合において、議題の決定は、前条第2項の規定による提案を尊重して行わなければならない。

【解説】

　立候補予定者の参加申出が1名以上あった場合、正式に開催日、開催場所、議題を決定し、公表する。議題の決定にあたっては、立候補予定者から提案された議題を尊重して行うものとしている。

第7条　開催の中止及び公表

第7条　市長は、第5条第3項に規定する期日までに同条第1項又は第3項の規定による申出がなかったとき、同条第1項又は第3項の規定による申出をした全ての立候補予定者が当該申出の取下げをしたときその他公開政策討論会を開催することができないときは、公開政策討論会の開催の中止を決定し、直ちにこれを公表するものとする。

【解説】

　立候補予定者の申出がなかった場合や、参加申出をした全ての立候補が参加申出を取り下げた場合、災害等により開催することができない場合は、中止を決定し、公表をする。

第8条　情報の提供

第8条　第5条第1項又は第3項の規定により申出をした立候補予定者は、市の機関に対し、第6条の規定により決定した議題に関連する情報の提供を求

めることができる。

2　市の機関は、前項の規定により情報の提供を求められたときは、これに応じるよう努めるものとする。

3　第１項の規定による情報の提供の求めは、当該情報を保有する市の機関に対し、必要とする情報を明確に記載した書面を提出して行うものとする。

4　情報の提供は、公開政策討論会に参加する全ての立候補予定者に対して行うものとする。

【解説】

　公開政策討論会に参加する立候補予定者から議題に関する情報の提供を求められた場合は、参加する全ての立候補予定者に対して行うものとし、その手続きについて定めている。

　公文書は、情報公開条例に基づいて開示されるが、「議題に関連する情報」については、立候補予定者の求める形態に加工（新規作成も含む）して出すことができ、また立候補予定者には短期間で情報提供される。

第9条　運営

第９条　公開政策討論会は、参加する立候補予定者の承認を得て市長が指名する者が主宰する。

2　立候補予定者及び傍聴者は、公開政策討論会を主宰する者（以下「主宰者」という。）の進行上の指示に従わなければならない。

3　主宰者は、立候補予定者に対して質問をすることができる。

4　主宰者は、立候補予定者の発言が議題の範囲を超え、又は公開政策討論会の運営に支障を生じさせると認めるときは、その発言を制止することができる。

5　公開政策討論会は、テレビ放映、インターネットの利用その他の適切な方法により広報するものとする。

【解説】

　公開政策討論会の運営について、参加する立候補予定者の承認を得て主宰す

る者を決定し、運営するものとする。主催者には、公開政策討論会を円滑に行うため、その役割、権限が定められている。

　公開政策討論会の会場に来られない人にも、その討論の内容を広く周知させるため、市民が利用しやすい方法で周知、広報するものとする。

第10条　公平性及び公正性の確保

第10条　市長は、自らが立候補予定者として公開政策討論会に参加することができる権利を有することに鑑み、公開政策討論会を開催するに当たっては、市民、学識経験を有する者等の協力を得て、第4条から前条までに定める手続及び運営が公平かつ公正に行われるよう配慮しなければならない。

【解説】

　この制度の実施者である市長も、自らが立候補予定者として公開政策討論会に参加することができる権利を有することから、第三者による手続・運営で、公平性・公正性を担保した。

　実際には、市民や学識経験者（青年会議所の会員OBで経験者、現役会員が主力になると思われる）による実行委員会を組織して行うことになると思われる。

第11条　準用

　第11条　第2条及び第4条から前条までの規定は、市長が欠け、又は退職した場合について準用する。この場合において、これらの規定中「市長」とあるのは「市長の職務を代理する者」と、第2条中「その任期満了の日の50日前の日」とあるのは「市長が欠け、又は退職した日の翌日」と、第5条第1項中「30日」とあるのは「10日」とする。

【解説】

　公開政策討論会は、市長が辞職、死亡した場合でも開催する。そこで、条例では、読み替え規定を設けた。市長がいないため、「市長の職務を代理する者」が行うことになる。

　また、市長が欠け、又は退職した場合はその事由の発生後50日以内に選挙を

行わなければならないことから、おおむね、次のようなスケジュールになると
思われる。

【事由発生後２週目】

　市民自治会議：日時・場所決定

　実行委員会：説明会準備

【事由発生後３週目】

　実行委員会：説明会開催

【事由発生後４週目】

　実行委員会：参加申出期限①（10日前）

【事由発生後５週目】

　実行委員会：参加申出期限②（７日前）、議題（又は中止）の決定

【事由発生後６週目】

　実行委員会：公開政策討論会開催

第12条　条例の見直し

第12条　市長は、必要があるときは、市民自治会議に諮り条例の見直しを行わ
　　なければならない。

【解説】

　自治基本条例に基づく公開政策討論会条例であるので、必要があるときは、
市民自治会議に諮り見直しをする。

第13条　委任

第13条　この条例に定めるもののほか、公開政策討論会の開催の手続及び運営
　　に関し必要な事項は、市長が別に定める。

【解説】

　公開政策討論会の開催、実施に伴い必要な申出書等の書式や実行委員会の設
置や運営、公開政策討論会の運営等に関するマニュアル等は、市長が規則、要
綱等で定める。

附則

（施行期日）

1　この条例は、公布の日から施行する。

　（新城市自治基本条例の一部改正）

2　新城市自治基本条例の一部を次のように改正する。

　第14条の次に次の１条を加える。

　（市長選挙立候補予定者公開政策討論会）

　第14条の２　市長は、公の選挙のうち市長の選挙に当たっては、候補者と
　　なろうとする者が掲げる市政に関する政策及びこれを実現するための方
　　策を市民が聴く機会として市長選挙立候補予定者公開政策討論会を開催
　　するものとします。

　2　前項の討論会の実施に必要な事項は、別に定めます。

【解説】

　新城市自治基本条例は、新城市のまちづくりに関する基本的な理念並びに市
民、議会及び行政の役割及び仕組みを明らかにすることにより、市民が主役の
まちづくりを推進し、元気に住み続けられ、世代のリレーができるまちを協働
してつくることを目的としている。

　この条例は、自治基本条例を受けたものである。

あとがき

　公開政策討論会条例の制定を受けて、新城市では次期市長選（2021年11月）から、立候補予定者による公開政策討論会が市主催で実施される。政策決定論から政策実施論の段階に場面が変わることになる。

　政策実施は、決定された政策をただ実行するだけと思われがちであるが、そんな単純な話ではなく、うかうかすると、立案・決定された政策が、実施の段階で、換骨奪胎されてしまう場合もある。

　具体的に考えてみても、2017年の市長選挙のときは、たまたま３人の立候補予定者がいたので、３人が交代で進行役を務めるという方式が実現できた。しかし、もし次回選挙で立候補予定者が１名だったら、あるいは、５人の立候補予定者が出たら……。想定しなければならないケースは、何パターンにも及び、事前に準備しなければいけないことも、数多くでてくるだろう。

　公開政策討論会条例の制定そのものが、未知の世界を切り開く挑戦であったが、その実施段階になっても、未知への挑戦が続くことになる。

　新城の人たちの引き続いての奮闘に期待したい。

著者略歴

松下 啓一（まつした　けいいち）　編集・第1章・第4章

地方自治研究者・実践者（元相模女子大学教授）。1951年生。近著に『励ます令和時代の地方自治―2040年問題を乗り越える12の政策提案』木鐸社（単著、2020）、『事例から学ぶ 若者の地域参画 成功の決め手』第一法規（単著、2020）、『定住外国人活躍政策の提案 ―地域活性化へのアクションプラン―』萌書房（共著、2020）。

田村 太一（たむら　もとかず）　第2章

株式会社田村組代表取締役。1971年生。2009年新城市長選挙、2011年愛知県知事選挙公開討論会コーディネーター。2010〜2012年新城市自治基本条例検討会議委員。2015〜2016年新城市企画部新城・千郷自治振興事務所長（市民任用）。2017年新城市長選挙公開政策討論会実行委員。

穂積 亮次（ほづみ　りょうじ）　第3章

愛知県新城市長。1952年生。2004年愛知県鳳来町長就任。2005年新城市・鳳来町・作手村の新設合併による選挙で新・新城市初代市長に就任。現在4期目。著書に『自治する日本―地域起点の民主主義』萌書房（単著、2016）、『自治体若者政策・愛知県新城市の挑戦―どのように若者を集め、その力を引き出したのか』萌書房（共著、2017）。

鈴木　誠（すずき　まこと）　第3章

愛知大学地域政策学部教授・地域連携室長。1960年生。日本地域経済学会常任理事（前理事長）、コミュニティ政策学会理事、新城市市民自治会議会長、博士（経済学、金沢大学）。著書に『戦後日本の地域政策と新たな潮流―分権と自治が拓く包摂社会―』自治体研究社（単著、2019）、『第4版、国際化時代の地域経済学』有斐閣（共著、2018）。

選挙はまちづくり

わかりやすく・おもしろく
公開政策討論会条例ができるまで

発行日	2020年11月24日発行
著　者	松下 啓一／田村 太一
	穂積 亮次／鈴木　誠
印　刷	今井印刷株式会社
発行所	イマジン出版株式会社©

〒112-0013　東京都文京区音羽1-5-8
電話 03-3942-2520　FAX 03-3942-2623
HP　http://www.imagine-j.co.jp

ISBN978-4-87299-861-0　C2031　¥1500E